智慧教育丛书

读懂学生的课程 Ⅳ

单留玉 等著

中原出版传媒集团
中原传媒股份公司

大象出版社
·郑州·

图书在版编目(CIP)数据

读懂学生的课程. Ⅳ／单留玉等著. — 郑州：大象出版社，2021.6
ISBN 978-7-5711-0824-3

Ⅰ.①读… Ⅱ.①单… Ⅲ.①课程-教学研究-小学 Ⅳ.①G622.3

中国版本图书馆 CIP 数据核字(2020)第 231904 号

读懂学生的课程　Ⅳ
DUDONG XUESHENG DE KECHENG Ⅳ
单留玉　等著

出 版 人	汪林中
策　　划	梁金蓝
责任编辑	梁金蓝
责任校对	万冬辉　张绍纳
装帧设计	王　敏

出版发行	大象出版社（郑州市郑东新区祥盛街 27 号　邮政编码 450016）
	发行科　0371-63863551　总编室　0371-65597936
网　　址	www.daxiang.cn
印　　刷	河南龙华印务有限公司
经　　销	各地新华书店经销
开　　本	720 mm×1020 mm　1/16
印　　张	18.25
字　　数	219 千字
版　　次	2021 年 6 月第 1 版　2021 年 6 月第 1 次印刷
定　　价	48.00 元

若发现印、装质量问题，影响阅读，请与承印厂联系调换。
印厂地址　河南省获嘉县亢村镇纬七路 4 号
邮政编码　453822　　　　　电话　0373-6308296

作 者

单留玉　孙新玲　杨　桦　梁宁莹

孟丽丽　江　南　裴军伟　于　丽

邢丽娟　王盈盈　刘晚晴　宋　君

肖陶然　李小辉　王　宁　陈　冉

播下种子　生根发芽

《基础教育课程改革纲要（试行）》在课程改革的具体目标中提出："改变课程结构过于强调学科本位、科目过多和缺乏整合的现状，整体设置九年一贯的课程门类和课时比例，并设置综合课程，以适应不同地区和学生发展的需求，体现课程结构的均衡性、综合性和选择性。"这是国家总体的要求，对学校教育具有方向性的指引。对一线老师来说，分科过细的教学会出现相似知识的重复，既浪费学生的时间，同时也会让学生在不同老师的课堂上进行各类要求的转换。对学生而言，他们是一个个整体的人，系统、有层次的学习，更便于他们掌握知识、形成能力。从这三方面考虑，河南省郑州市金水区实验小学进行了大胆尝试，对各学科的知识进行整合，设置每天下午的智慧课程。二年级的全体老师接过了一年级的接力棒，学习智慧课程的精髓，融入新的智慧，开启我们的智慧课程之旅。

先思后行

开学之初,我们二年级组的十位老师拿出自己设计的方案,介绍可以参加整合的内容,贡献每人的智慧,提出关于课程整合的想法。大家集思广益,在继承一年级课程的基础上,最终确定本学期的课程整合主题活动分为四大主题:开学课程、季节课程、传统课程和家长课程。

第一周是我们的开学课程。二年级的开学课程与一年级的有所区别,重点在于巩固和提高。巩固一年级学习的好习惯,提高学生自我管理能力、动手能力和小主人翁意识。于是,第一周的智慧课程新鲜出炉了:开学课程之习惯,开学课程之巧手包书皮,开学课程之我是班级小主人,开学课程之暑假生活文化……确定好了第一周的内容,我们十个人长长地出了一口气。万事开头难,我们艰难地迈出了第一步,虽然感觉有些累,但很大的喜悦伴随着我们,因为这为我们二年级开学课程的实施开了一个好头。

再思再行

智慧课程在实施的过程中有两次大的调整:

第一次调整:针对现在的学生游戏种类少的情况,在传统课程中增加了传统游戏,放在每周二下午,融合音乐课的儿歌、美术课的简笔画或者语文课的写话,让体育课的传统游戏以一种新的面貌呈现在孩子们面前,既丰富多彩,又充满趣味。学生在学习的过程中,不仅锻炼了身体,还增强了平衡能力、协调能力等。

第二次调整:在主题活动的过程中我们发现有些内容需要花费比较多

的课时才能学得更深、更广，我们把这类主题活动设为周活动。比如传统游戏——跳皮筋，我们教给学生跳的方法，给他们时间进行大量的练习，然后进行比赛、颁奖。这样下来，全班90%的学生都会跳皮筋了，学生动作更协调了，课下游戏更丰富了，学生找到了成就感和乐趣，主题活动也就落到了实处。我们还开展了"童话周"，让学生通过读童话、听童话、讲童话、演童话，对童话有了一个更深入的了解，学生特别喜欢。

小小的收获

智慧课程"开学课程之巧手包书皮"：老师和学生一起动手包书皮并进行装饰，既环保实用，又各具特色。在整个活动的过程中，老师好像回到了小时候，找到了童年的感觉；孩子们一边做，一边交流，兴致高昂。

季节不仅和我们的生活紧密联系，而且和学生的学习不可分割。我们把各个学科当中季节特征比较明显的内容提炼出来，设计出了秋季放歌、秋日美景、秋雨、秋叶、秋日游戏、冬日美味、冬日雪景等内容。在季节课程中，学生印象深刻的要数拓印秋叶和制作冬日美味了。在《秋叶》这个课程中，学生找来了各种各样的叶子，按照自己的想法进行拼搭，用老师教给的方法拓印，最后配上关于秋天的诗文或者自己拓印秋叶的方法、心得，一幅幅精美的作品就出现了。在课堂上一边做一边吃是学生最喜欢的一件事了。在这个冬天，二年级学生举行了以"冬之美 冬至味"为主题的冬至包饺子活动。整个活动用一个词语来形容就是：快乐！一张张洋溢着欢乐的照片，让我们看到了家校的亲密融合，看到了这个活动带给学生了一个难以忘记的校园生活！

传统课程是本学期课程的重头戏。杨桦老师完成了一节关于河南美食的"豫见之美"课。在这节课上,杨老师既让学生认识了山药,品尝到了美味的果味山药,还让学生通过自己动手,完成了河南烩面、鲤鱼焙面、洛阳水席、开封灌汤包这些河南经典美食的制作。一整节课下来,学生看、摸、尝、做,各种感官都被调动了起来,听、说、读、写能力也得到了训练,这是一节扎扎实实的好课。

通过家长课程,学生学到了很多学校里学不到的知识,既开阔了眼界,同时也从另一个角度认识了爸爸妈妈。本学期的家长课程有:会动的机器人、魔术、食物在身体中的旅行、路、手工插花、扎染、科学实验、爱护耳朵……家长课程让学生真正体现了知识无界限。

单留玉校长和宋君副校长经常会说:"对于课程整合,我们学校做了很多学校想做但不敢做的事,只要我们行动起来,就已经成功了!"是呀,智慧课程的研发和实施是辛苦的,需要老师们费尽心思挖掘主题,提炼学科核心素养进行融合,还要能够切合孩子们的年龄、心理特点,把目标落到实处,最后形成一节节既让他们喜欢,同时又能让他们学到知识,培育学生核心素养的好课。但是,我想说的是:我们有信心把这件事情做好!我们既然播下了智慧课程这粒能够让学生受益的种子,就要努力让它扎下深根,发出嫩芽,直至将来枝繁叶茂、繁花似锦!

孙新玲

目　录

金水区实验小学二年级智慧课程实施方案　　　1

主题一：开学课程　　　17

版块一：开学课程之爱我河南　　　18
　　《爱我河南》课程设计　　　18
　　课程实施掠影　　　20
　　课程实施感悟　　　21

版块二：开学课程之我的寒假生活　　　23
　　《我的寒假生活》课程设计　　　23
　　课程实施掠影　　　26
　　课程实施感悟　　　26

版块三：开学课程之课程表笔筒　　　29
　　《课程表笔筒》课程设计　　　29
　　课程实施掠影　　　31

课程实施感悟　　　　　32

版块四：开学课程之新学期新规划　　　34

　　《新学期新规划》课程设计　　34

　　　课程实施掠影　　　　　36

　　　课程实施感悟　　　　　37

主题二：季节课程　　39

版块一：季节课程之我眼中的春天　　40

　　《我眼中的春天》课程设计（一）　　40

　　　课程实施掠影　　　　　45

　　　课程实施感悟　　　　　45

　　《我眼中的春天》课程设计（二）　　46

　　　课程实施掠影　　　　　51

　　　课程实施感悟　　　　　52

　　《我眼中的春天》课程设计（三）　　53

　　　课程实施掠影　　　　　56

　　　课程实施感悟　　　　　56

　　《我眼中的春天》课程设计（四）　　57

　　　课程实施掠影　　　　　62

　　　课程实施感悟　　　　　63

　　《我眼中的春天》课程设计（五）　　64

　　　课程实施掠影　　　　　66

版块二：季节课程之时间像小马车　　67

　　《时间像小马车》课程设计（一）　　67

　　　　课程实施掠影　　70

　　　　课程实施感悟　　71

　　《时间像小马车》课程设计（二）　　72

　　　　课程实施掠影　　74

　　　　课程实施感悟　　75

版块三：季节课程之感恩母亲节　　76

　　《感恩母亲节》课程设计（一）　　76

　　　　课程实施掠影　　82

　　　　课程实施感悟　　83

　　《感恩母亲节》课程设计（二）　　84

　　　　课程实施掠影　　88

　　　　课程实施感悟　　88

版块四：季节课程之不让生命哭泣　　90

　　《不让生命哭泣》课程设计（一）　　90

　　　　课程实施掠影　　96

　　　　课程实施感悟　　96

　　《不让生命哭泣》课程设计（二）　　97

　　　　课程实施掠影　　100

　　　　课程实施感悟　　101

主题三：传统课程　　103

版块一：传统课程之游戏篇　　104

《游戏篇》课程设计（一）　　104

课程实施感悟　　106

《游戏篇》课程设计（二）　　108

课程实施感悟　　110

《游戏篇》课程设计（三）　　111

课程实施感悟　　114

《游戏篇》课程设计（四）　　115

课程实施感悟　　117

《游戏篇》课程设计（五）　　118

课程实施掠影　　122

课程实施感悟　　122

《游戏篇》课程设计（六）　　123

课程实施感悟　　128

版块二：传统课程之生活中的1000　　130

《生活中的1000》课程设计　　130

课程实施掠影　　132

课程实施感悟　　133

版块三：传统课程之手巧慰心灵　　135

《认识动物》课程设计　　135

课程实施掠影　　138

课程实施感悟　　　　139

　　《小动物读书会》课程设计　　140

　　　课程实施掠影　　　　143

　　　课程实施感悟　　　　144

　　《重复的奥秘》课程设计　　145

　　　课程实施掠影　　　　147

　　　课程实施感悟　　　　148

　　《长方形与正方形》课程设计　　149

　　　课程实施掠影　　　　152

　　　课程实施感悟　　　　153

　　《小鸟》课程设计　　154

　　　课程实施掠影　　　　157

　　　课程实施感悟　　　　157

　　《雨》课程设计　　158

　　　课程实施掠影　　　　161

　　　课程实施感悟　　　　162

版块四：传统课程之走近河南戏曲　　165

　　《学唱戏》课程设计　　165

　　　课程实施掠影　　　　167

　　　课程实施感悟　　　　167

　　《看大戏》课程设计　　169

　　　课程实施掠影　　　　172

　　　课程实施感悟　　　　173

《画脸谱》课程设计　　　174

　　课程实施掠影　　　177

　　课程实施感悟　　　177

版块五：传统课程之走进清明节　　　179

　　《走进清明节》课程设计　　　179

　　课程实施掠影　　　181

版块六：传统课程之少数民族篇　　　182

　　《少数民族节日》课程设计　　　182

　　课程实施掠影　　　187

　　课程实施感悟　　　187

　　《看新疆》课程设计　　　188

　　课程实施掠影　　　192

　　课程实施感悟　　　192

　　《爱新疆》课程设计　　　194

　　课程实施掠影　　　197

　　课程实施感悟　　　198

　　《唱新疆》课程设计　　　200

　　课程实施掠影　　　205

　　课程实施感悟　　　205

版块七：传统课程之河南老家古都篇　　　207

　　《河南老家古都篇之洛阳》课程设计　　　207

　　课程实施掠影　　　211

　　《河南老家古都篇之郑州》课程设计　　　211

　　　　课程实施掠影　　　　214

　　　　《河南老家古都篇之开封》课程设计　　　215

　　　　课程实施掠影　　　　218

版块八：传统课程之有趣的几何图形　　　219

　　　　《有趣的几何图形》课程设计　　　219

　　　　课程实施掠影　　　　223

　　　　课程实施感悟　　　　224

版块九：传统课程之有趣的冰糕棍儿　　　226

　　　　《挑冰糕棍儿》课程设计　　　226

　　　　课程实施掠影　　　　229

　　　　课程实施感悟　　　　229

　　　　《冰糕棍儿相框》课程设计　　　230

　　　　课程实施掠影　　　　233

　　　　课程实施感悟　　　　234

　　　　《冰糕棍儿拼图》课程设计　　　235

　　　　课程实施掠影　　　　237

　　　　课程实施感悟　　　　237

　　　　《冰糕棍儿童画》课程设计　　　238

　　　　课程实施掠影　　　　241

　　　　课程实施感悟　　　　241

版块十：传统课程之历史人物故事　　　243

　　　　《历史人物故事》课程设计　　　243

　　　　课程实施掠影　　　　246

　　　　　课程实施感悟　　　　246

版块十一：传统课程之争做节约小卫士　　248

　　　　《珍惜资源，学会节约》课程设计　　248

　　　　课程实施掠影　　　　250

　　　　课程实施感悟　　　　251

主题四：家长课程　　253

　　　　课程实施掠影　　　　254

　　　　课程实施感悟　　　　254

附　录　金水区实验小学荣誉护照　　257

　　　　金水区实验小学阅读存折　　264

参考文献　　269

智慧课程，绽放生命的精彩（代后记）　　272

金水区实验小学二年级
智慧课程实施方案

一、课程整合的意义

2001年，我国启动了新中国成立以来最大规模的、具有里程碑意义的第八次基础教育课程改革。《基础教育课程改革纲要（试行）》中指出："改变课程结构过于强调学科本位、科目过多和缺乏整合的现状，整体设置九年一贯的课程门类和课时比例，并设置综合课程，以适应不同地区和学生发展的需求，体现课程结构的均衡性、综合性和选择性"，"小学阶段以综合课程为主"。这次课程改革针对现行课程结构的问题作了重大调整，强调课程整合，其目的在于改变过于注重学科逻辑的做法，关注学生的学习，注重学生的经验或者体验，实现课程促进学生发展的目的。

2014年3月，《关于全面深化课程改革落实立德树人根本任务的意见》中指出：课程目标有机衔接不够，部分学科内容交叉重复，课程教材的系统性、适宜性不强等问题。这份意见再次提出：全面深化课程改革，整体构建符合教育规律、体现时代特征、具有中国特色的人才培养体系，建立健全综合协调、充满活力的育人体制机制，落实立德树人根本任务。

2019年6月,《关于深化教育教学改革全面提高义务教育质量的意见》中提出：探索基于学科的课程综合化教学，开展研究型、项目化、合作式学习。

为了更好地提高课程实施的有效性，在国家、地方、学校三级课程管理中，需要把课程规划、课程建设的权力赋予学校。把国家课程、地方课程、校本课程等统整起来，开展课程整合的研究与实验，以更好地促进学生发展。

课程整合最为根本的是为了促进学生的学习，通过创设相应的学习环境，使真实情境式学习得以发生，从而使学生不仅获得知识和技能，更能获得学习的方法，有真实的经历，并形成完善的人格。

金水区实验小学进行的智慧课程有更高的追求：围绕学生成长的重大问题，课程整合以活动或者真实问题解决为主，打破学科界限，根据学生感兴趣的问题或者活动展开课程设计。在问题解决和活动展开中，综合运用各个学科的知识。

二、学校实际情况分析

金水区实验小学始终围绕"营造书香校园　共享智慧人生"的办学理念，将"一笔一画写好字，一字一句读好书，一点一滴做真人"作为校训，以课堂教学为教育教学的主阵地，把读书、写作、研究作为促进教师专业化成长的措施，努力创设一个适合教师专业发展和学生健康成长的人文环境，着力构建积极向上、内涵丰富、特色鲜明的学校文化，促进学校内涵发展，不断提升办学品位，使师生在成长的过程中共享智慧人生。

师资力量雄厚。近年来，我校先后有河南省教师教育专家1人，河南省综合实践专家组成员2人，河南省教育厅学术技术带头人3人，中原名师1人，河南省名师2人，河南省骨干教师3人，河南最具成长力教师1人，郑州市名师1人，郑州市骨干教师3人。

社区资源多样。我校面向全区招生，所以社区资源相对比较宽泛，更有利于学生开展教育教学活动，丰富的课程资源更有利于学校的发展，有利于学生的主动发展。

家长资源丰富。我校面向全区招生，吸引了一大批优秀学生就读，家长素质相对较高，家长对学生的期望值很高。这些家长从事各个行业的经验也比较丰富，他们乐于为学校的发展出谋划策。

课程是学校教育的核心载体，是学生获得发展的宝贵资源。以学生的发展为价值取向，从学生的成长需要出发，通过课程整合，以强有力的课程支撑来为每一个学生提供发展的机会。

我校一直致力于探索课程整合，将更加鲜明地、坚定地、正确地在国家教改的框架之下"做自己的事"，即在坚持国家课程改革的基本精神和总体方向的前提下，深入研究自己的学生，创造性地开展智慧课程的探索和实践。

三、课程整合的目标

1. 在智慧课程的实施中，注重引导学生继承中华传统美德，诚信友善，孝亲敬长，有感恩之心，树立社会责任感，从而培养新时期的阳光少年。

2. 通过智慧课程的实施，让学生掌握基本的社会生存技能，学会生存，为适应未来社会打下基础；同时，课程的实施也不断开阔学生的视野，使其学会求知，为其终身学习打下基础，同时促其发展个性特长。

3. 通过智慧课程的实施，丰富学生的童年生活。

4. 通过智慧课程的实施，培养学生的实证意识和严谨的求知态度，使之能运用科学的思维方式认识事物、解决问题。在智慧课程实施中不断实践探究，生成智慧，培养学生的创新精神和创新能力。

5. 通过智慧课程的实施，激发学生的学习兴趣，让学习兴趣伴随学生的终身发展。

6. 通过智慧课程的实施，不断培养"读好书、写好字、做真人"的阳光少年。

四、课程整合的基本理念

在二年级的智慧课程整合中，我们追求如下的理念：

1. 整合是一种思想

当我们真正实施时，就会发现课程整合带给学生、教师的思考，感受到整合更有利于学生的学习。

2. 课程整合更需要关注每一个学生

人是一切课程的核心。课程整合倡导学生、教师站在课程的正中央。课程整合使教师的教学从以教材为中心走向以学生为中心，避免"割裂的评价"，全面捕捉学生的潜能。

3. 课程视野下的课堂

我们完全可以基于自己对教学内容和学生的理解，将一切有助于学生学习成长的教材内外的积极而有意义的元素合理地整合到自己的课堂中，在课程整合的推进中走出一条自己的路来。

五、课程整合的基本原则

根据教育部《义务教育课程设置实验方案》的要求，我校课程设置遵循如下几个原则：

1. 均衡设置课程原则。在智慧课程整合时，我校坚持德智体美劳等全面发展，兼顾不同年龄段儿童的成长需要和认知规律。

2. 加强课程的综合性原则。智慧课程更注重培养学生的实践能力与创新思维，注重在学科渗透、整合中提升学生的综合素养。

3. 加强课程的选择性原则。智慧课程整合后，鼓励教师创造性地实施整合课程，把握好课程课时的弹性比例，发挥创造性，增强适应性。

六、课程整合的误区

误区一：课程整合不是包班

课程整合不是要求教师包班，不是要求教师应该是"好的数学教师＋好的语文教师＋好的英语教师＋好的……"，这是对课程整合的一大误解。

误区二：课程整合不是各学科的简单叠加

课程整合不是"语文＋数学＋英语＋音乐＋体育＋美术"的简单叠加，课程整合后的教师，也不是各学科教师的简单叠加。这是因为课程整合带来的是课程"质"的变化，对教师也提出了新的要求。

误区三：课程整合找不到目标

放在课程视野下，一堂找不到课时目标的课，是一堂低结构的课，是一堂低效的课。当我们用课程的大胸怀超越了学科课时目标的小计较时，我们会发现要达成的目标是一种深度的融合。

七、智慧课程整合的形式

智慧课程整合，意在整合各学科知识，减少课程内容的重叠与分化，彰显知识、技能与生活世界的联系及其价值。

课程整合的三种模式

第一种为学科本位模式。该模式发源于赫尔巴特的教学思想。在他看来，要使一门学科的教学经常地联系其他学科的教学，这样，教地理时就非常容易显示出地理与历史之间的联系，教历史时联系文学就会使历史教学更加丰富起来。用熟悉的东西去认知新的东西，如此，课程整合的目的不仅在于使学习更有意义，而且使学习更富有趣味。这一模式强烈影响了教育实践。1932年，美国进步主义教育协会组成的中等学校课程检讨委员会针对社会发展的综合化趋势提出了进行大规模的知识协同教学的必要性，进而强调学科间的整合，一些国家先后出现的相关课程、融合课程、广域课程等就是这种课程融合模式的发展。

第二种为儿童本位模式。19世纪末20世纪初，受杜威教育思想的影响，整个世界掀起了儿童经验主义的教育思潮。针对传统学科课程将知识割裂开来的弊端，杜威主张学习即生活、教育即儿童经验的连续改造，要求把儿童的经验和兴趣作为课程融合的核心。这与赫尔巴特的学科模式完全不同。在儿童本位模式下，不是学科逻辑而是儿童的兴趣决定了课程的内容和结构，不是学科课程而是活动课程构成学校课程的主体，尽管活动课程事先需要规划、设计，但并不像学科课程那样有着严密的计划。

第三种为社会本位模式。该模式反对学科分立所造成的碎片化的学习，主张将学科内容整合起来，成为学习的核心，这样可以使学生了解内容间彼此的关系，学习会更有意义。同时，该模式还强调学校教育必须通过课程整合来维护社会的核心价值观。

课程整合的有效方式

基于以上思考，我校在课程整合中，采用如下的方式进行有效整合：

1．学科内整合

课程内容分属于不同科目领域，可以根据学科特点、学生思维发展和课程内容有效进行课程整合。也就是各学科保持独立地位，课程内容进行内部有效整合。

2．跨学科整合

我们可以找到不同课程内容相近或相似的课程结合点，组织中心如主题、问题、概念、基本学习内容、技能或课程标准的要求来联结不同学科，目的在于使学生能够从多重视角整合地处理与组织中心有关的信息和观点，以便更全面、更客观地理解知识和解决问题。

3．以项目或主题的方式进行有效整合

跨学科课程整合，即学科不再是组织中心，而是被融入单元或主题之中，教师非常重视课程与真实情境和世界的联系，并鼓励学生作为研究者参与学习活动。

其实，智慧课程整合不仅是一种结果，更是一个过程。在整合中，我们还要注意学科内容与学生生活、当代社会生活的整合，文本教材与网络资源、生活资源的整合，学科的传统内容与学科的新发现、新观点、新问题的整合，等等，还有表现方法上的整合，即深度探究学习、合作学习、体验学习等多种综合性的教学方式，这些都值得我们进行研究和思考。

课程整合的三种境界和追求

课程整合首先是学科内容之间的整合，其次是学习策略和教学策略的整合，最后是育人目标的整合。

八、整合后的课程设置

我校围绕办学理念，建立师生共同发展的课程体系，使师生发展和课程建设融为一体。我校先后将国家课程、地方课程和校本课程进行有效整合。

我校二年级在一年级智慧课程的基础上继续开设阅读与生活、数学与科技、英语与交际、体育与健康、艺术与审美五个主题（综合）课程。具体安排如下：

阅读与生活：语文（国家课程）＋道德与法治（国家课程）＋书法（地方课程）＋心理（地方课程）＋阅读

数学与科技：数学（国家课程）＋科学（国家课程）＋实践活动

英语与交际：英语（地方课程）

体育与健康：体育（国家课程）＋安全＋健康教育

艺术与审美：音乐、美术（国家课程）＋木版画＋小乐器

九、整合课程的管理与实施

为了促进二年级整合课程的稳步实施，我校采用双轮驱动的方式进行课程的开发、实施和评价等工作，并且课程委员会进行学术支持，学校教导处进行行政支持，促进课程深入实施。

1. 成立课程开发、实施、领导小组

组长：单留玉

成员：宋君、肖陶然、孙新玲、杨桦、于丽、邢丽娟、梁宁莹、孟丽丽、江南、王盈盈、裴军伟

2. 课程委员会成员名单

宋君、王宁、江南、杨慧君、孙新玲、闫彦

十、整合课程的评价建议

1. 有利于学生个性的发展，有助于学生创造精神和创造性人格的形成和发展。

2. 注重评价的过程，使之成为教师与学生共同成长的过程，成为促进我校特色课程的生成、发展与提高的过程。

3. 根据我校课程的特点，结合我校的校情、教师情况和学生情况，对学生、教师的评价内容要多元化，评价方式要多样化，参与主体要互动化。

4. 在评价方法上采用多元化的方法，如学生自评、学生互评、教师评价与家长评价等。建立每个学生的成长记录档案或表。成长记录档案或表应收集能够反映学生学习过程和结果的资料，包括学生的自我评价、最佳作

品（成绩记录及品种作品）、社会实践和社会公益活动记录、体育与文艺活动记录，教师、同学的观察与评价，来自家长的信息，考试和测验的信息，等等。学生是成长记录的主要记录者，成长记录要始终体现诚信的原则，要有教师、同学和家长开放性的参与，使记录的情况典型、客观、真实。

5. 评价采用等级制，具体为优秀、良好和合格三个等级。

十一、课程实施的保障措施

1. 建立健全民主开放的组织机构

我校树立民主开放的学校管理意识，校长全面负责学校组织机构的建设。建立健全学校课程委员会，制定课程审议制度，使课程的开发、实施过程成为民主决策的过程。

学校其他课程管理机构（如教导处）实行人本管理，充分发挥学校校务委员会团结全校教职工决策的作用，确保优质、高效地进行课程开发和实施。

2. 建立良好的课程决策结构和沟通网络

学生在家长和社区的支持下确立自己希望学习的内容，并在教师的指导下，自评选择学习的课程。

学校提供教师与课程专家沟通的机会，为参与课程开发的各团体或小组之间交流提供时间和空间保障。

3. 持续的校本培训

学校积极鼓励所有教师都参与力所能及的课程开发研究，并保证他们有较充足的时间获得各种学习机会。学校还根据教师专业发展的不同阶段，采取不同的持续不断的培训策略，使其在行动研究中养成课程开发的意识、反思开发的能力。

4．充分开发利用校内外课程资源，建立支持系统

课程在开发中必须充分利用校内外课程资源，不断对学校的师资、设施、经费、器材、场所等课程资源进行积极的评估、利用，使人尽其才、物尽其用，并积极努力不断改善办学条件。

主动积极争取大学课程专家的指导，积极争取与社区、政府的对话，获得广泛的支持。充分利用网络等途径获取相关课程资源，从而建立校内、校外两个支持系统。

5．制度保障，建立自律的内部评价与改进机制

健全学校课程审议制度，如课程管理岗位职责、课程能力培训制度、课程教学管理条例、课程评价制度和课程开发奖励制度等一系列规章制度，通过制度管理，保障校本课程开发、实施的顺利推进。系统研究、认真实施课程的各项评价，逐步建立和完善学校自律的课程内部评价机制，提高课程开发、实施的质量。

学校课程整合正是以学生的发展为价值取向，从学生的成长需要出发，以提供强有力的课程支撑来为每一个学生提供发展的机会。课程整合会增强学习的有效性，让课堂、学校焕发生命的活力。通过课程整合，使师生发展和课程建设融为一体，真正建立师生共同发展的课程体系。在课程整合中促进学生的成长、教师的专业发展和学校的发展。

我校努力通过课程整合，让课程引领学生学会学习，进一步提升学生的学习能力；让课程整合成为体验生命成长的丰富经历，为学生提供更广阔的学习空间和更多的选择机会，满足学生不同潜能开发的需要；让课程整合能够架设通达智慧人生的桥梁，实现每一个孩子的可持续发展。

金水区实验小学智慧课程实施纲要（二年级下学期）

课程名称	二年级智慧课程		
适用年级	二年级	总课时	50
课程简介	二年级智慧课程是在一年级的基础上继续推进实施的一门课程。它既融合了二年级各个学科共性的内容，又结合了学生的年龄、季节、时代特征设置了相应的单元主题，核心在于促进学生个性和素质充分发展，让学生尽情享受生命的精彩。		
背景分析(500字以内)	目的和意义： 秉承我校智慧教育的办学宗旨，根据我校"营造书香校园 共享智慧人生"的办学理念，对本年级的国家课程、地方课程和校本课程进行规划、调适，形成二年级智慧课程，目的在于促进学生的成长和教师的发展。 学情分析： 二年级学生在一年级的时候已经学习过智慧课程，随着年龄的增长和知识的积累，他们的要求会比一年级更高，这就要求老师在主题设置和课堂操作方面要对自己有一个更高的要求，更能激发学生学习的欲望，更能激发出学生内在的潜力。 资源分析： 原来课程的模式是分散的、独立的、费时的、不够深入的，我们设置的这个智慧课程提炼出各个学科共性的内容进行融合，减少重复性授课，节约课时；对于需要学习时间长一些的内容、难一些的内容，则增加课时量；我们还会应时、应景加入一些内容，丰富学生的课程学习。这种学习是科学的、人性化的，是符合学生学习规律的。		
课程目标	1. 学生通过一节节主题活动学到更多原来课程模式中学不到的知识，开阔自己的眼界。 2. 不同的主题活动，创造出不同的课堂氛围，学生在活动中团结协作能力、动手能力、听说读写等综合能力能够得到大幅提升。 3. 在主题活动的体验中，情感得到熏陶，内化为学生自身素质的提升，对学习有更主动的兴趣，对大自然和别人的馈赠更怀感激之情。		

续表

	周次	主题名称	课时数
学习主题/活动安排（请列出教学进度，包括日期、周次、内容、实施要求）	第一周（4课时）	开学课程之爱我河南	1
		开学课程之我的寒假生活	1
		开学课程之课程表笔筒	1
		开学课程之新学期新规划	1
		家长课程	
	第二周（4课时）	季节课程之春之树（一）	1
		季节课程之春之树（二）	1
		季节课程之春之诗	1
		季节课程之我眼中的春天	1
		家长课程	
	第三周（4课时）	季节课程之时间像小马车（一）	1
		季节课程之时间像小马车（二）	1
		传统课程之打陀螺	1
		传统课程之生活中的1000	1
		家长课程	
	第四周（4课时）	传统课程之小动物读书会	1
		传统课程之重复的奥秘	1
		传统课程之长方形与正方形	1
		传统课程之小鸟	1
		家长课程	
	第五周（4课时）	传统课程之走近河南戏曲（一）	1
		传统课程之走近河南戏曲（二）	1
		传统课程之走进清明节	1
		家长课程	

续表

	周次	主题名称	课时数
学习主题/活动安排（请列出教学进度，包括日期、周次、内容、实施要求）	第六周 (4课时)	传统课程之认识动物	1
		传统课程之走近河南戏曲（三）	1
		传统课程之新疆是个好地方（一）	1
		传统课程之新疆是个好地方（二）	1
		家长课程	
	第七周 (4课时)	传统课程之历史人物故事	1
		传统课程之丢手绢	1
		传统课程之新疆是个好地方（三）	1
		季节课程之春游	1
		家长课程	
	第八周 (4课时)	传统课程之少数民族节日	1
		传统课程之河南老家古都篇（一）	1
		传统课程之河南老家古都篇（二）	1
		传统课程之河南老家古都篇（三）	1
		家长课程	
	第九周 (3课时)	传统课程之雨	1
		传统课程之老鹰抓小鸡（一）	1
		传统课程之老鹰抓小鸡（二）	1
		家长课程	
	第十周 (4课时)	传统课程之有趣的几何图形	1
		传统课程之滚铁环	1
		季节课程之感恩母亲节（一）	1
		季节课程之感恩母亲节（二）	1
		家长课程	
	第十一周 (4课时)	传统课程之有趣的冰糕棍儿（一）	1
		传统课程之有趣的冰糕棍儿（二）	1
		传统课程之有趣的冰糕棍儿（三）	1
		传统课程之有趣的冰糕棍儿（四）	1
		家长课程	

学习主题／活动安排（请列出教学进度，包括日期、周次、内容、实施要求）	周次	主题名称	课时数
	第十二周(4课时)	传统课程之有趣的冰糕棍儿（五）	1
		传统课程之打弹珠（一）	1
		传统课程之打弹珠（二）	1
		传统课程之打弹珠（三）	1
		家长课程	
	第十三周(4课时)	季节课程之不让生命哭泣（一）	1
		季节课程之不让生命哭泣（二）	1
		季节课程之不让生命哭泣（三）	1
		传统课程之打弹珠（四）	1
		家长课程	
评价活动／成绩评定	根据每节课的实际授课内容进行红花或表扬信评价		
备 注			

主题一：开学课程

寒假生活是丰富多彩的，并且我们二年级的寒假作业布置了一些操作、实践性的作业。开学初，我们希望对寒假的生活及作业进行回顾和总结，对新的学期进行规划、展望。因此，针对以上情况，我们开设了开学课程这个单元主题，目的在于让学生能够从中学到知识，开阔视野，为学期初开个好头。开学课程共4个主题，分别为：开学课程——爱我河南、开学课程——我的寒假生活、开学课程——课程表笔筒、开学课程——新学期新规划。

版块一：开学课程之爱我河南

《爱我河南》课程设计

课程内容：

为新学期启航——爱我河南。

学情分析：

学生在寒假的时候，完成了一项关于河南风土人情的手抄报的制作，有的学生介绍了河南过年的习俗，有的学生描绘了河南的美景，还有的学生介绍了自己爱吃的河南美食，内容丰富多彩。他们乐于把自己的收获分享给同伴，在分享的过程中收获快乐。

课程设计理念：

学生在寒假精心准备了这份关于"河南风土人情"的手抄报，但是每个学生的侧重点不一样，每个学生整理、绘画的能力也不同。为了让学生博采众长，学到更丰富的知识，教师就设计了这样一个课时，希望学生能够有所收获。课程把语文学科的知识搜集、写话，美术学科的绘画、装饰，道德与法治学科的情感体验进行了融合。

课程目标：

1. 通过对资料的筛选与整理，让学生了解到更多关于河南的知识。

2．在手抄报的制作过程中，培养学生的动手能力。

3．通过同学们之间的交流和分享，激发学生热爱家乡之情。

课程评价实施：

1．学生评选"我最喜欢的手抄报"。

2．根据学生在课堂上收获的红花进行评价。

教学过程：

一、民谣导入，激发兴趣

1．同学们，今天老师带来了一首民谣，你们来猜一猜这是哪个地方的风俗。

二十三，祭灶官；二十四，扫房子；二十五，磨豆腐；二十六，去割肉；二十七，杀只鸡；二十八，蒸枣花；二十九，去打酒；三十儿，捏鼻子（饺子）；初一儿，撅着屁股乱作揖。

2．这是我从咱班同学寒假的手抄报上看到的，很有趣吧！河南不仅有很多好听的民谣，还有很多的美景、美食，你想了解一下吗？那就让我们走进河南，了解河南。

二、小组交流，分类登记，推选优秀

1．四人为一小组交流自己制作的手抄报，并把大家的内容进行分类、登记。

类别有：风俗类、美景类、美食类、综合类……

2．小组投票推选本组最优秀的手抄报。

标准：①版块清晰，版面整洁，设计美观。

②字迹工整，没有错别字或者错别字很少。

③内容丰富。

3．把推选出的优秀手抄报交给老师，老师拍照上传到班班通。

4．请小组推选出的优秀手抄报作者介绍自己的手抄报，要求把自己制作的内容介绍清楚。

5．请学生进行评价。

评价的时候，既可以说好的地方，也可以说需要改进的地方。

6．全班投票产生三个"我最喜欢的手抄报"，老师为这些手抄报作者颁奖。

三、写下感受，激发情感

1．同学们，通过大家分享的关于河南的知识，你最大的感受是什么？用几句话写一写。

2．老师在教室巡视，发现感受写得好的学生，请他们到讲台上说一说。

四、总结

同学们，我们河南地处中原，历史悠久，物产丰富，交通便利，风景优美，值得我们去研究的内容还有很多很多。老师希望你们不要停下探索的脚步，带着一份崇敬、一颗爱心走进河南，你会发现，原来我们的家乡这么美，原来作为一名河南人是这么自豪！老师期待你们更多的分享！

课程实施掠影

课程实施感悟

外行看热闹，内行看门道

制作手抄报在当今的学生作业中，已经成为一个常态，因为它主题突出、内容直观、画面精美、易于展示，所以老师喜欢以它作为主题作业的呈现形式。然而，学生因平时缺乏这方面的指导与锻炼，多是拼凑一个上交了事。这种形式的活动，不仅没有对学生起到良好的教育作用，反而增加了学生对类似活动的反感。那么，如何避免这种形式主义倾向，真正地丰富学生的认知，提高学生的能力呢？我想手抄报本身就是一个提高学生能力的切入点，老师在手抄报方面需要注意以下几个方面的问题。

一、老师首先要了解手抄报的作用。

1. 培养学生搜集知识、筛选知识的能力。别看一张小小的手抄报，学生要根据自己的主题确定中心，分配类别，然后根据类别去搜集知识，从中筛选出自己需要用到的知识。在这个过程中，学生学会了很多知识，也锻炼了对知识再加工的能力。

2. 有助于发挥学生优势，提升学生的信心。每个同学身上都有闪光点，可能他们的学习成绩并不突出，但他们的绘画能力、设计能力强，他们可以通过这个小小的平台来展示自己的优势，提高自信心，这样也就自然能够办出不同风格、不同特点的手抄报了。

二、办手抄报的注意事项。

1. 教师的评价是引领，要摆正评价的方向。教师要明白，手抄报的核心是内容，而不是装饰。教师在对手抄报进行评价的时候，要引导学生读一读手抄报上的内容，而不是"看这张手抄报上的图多漂亮，颜色多好看，设计多有特点"。如果老师的这些语言倾向太多，学生在做手抄报的时候，就会重形式而轻内容。所以，作为手抄报的布置者，一定要"内行看门道"，而不能"外行看热闹"，误导了学生。

2. 要有接受"失败"的心理准备。刚开始，学生没有任何经验，创作的作品可能不成功，老师要给他们成长的时间与空间。另外，每个学生的能力不同，要根据每个孩子的情况，以"认真、进步"作为评价标准。

办手抄报只是一种手段，而非目的，因此，我们在日常教学与管理中要正确地用好手抄报，切实提高学生的能力。正是在这两方面的指引下，这次主题活动中，无论是小组交流手抄报还是班级展示手抄报，我和学生们都认真阅读上面的文字内容，从中学到了很多关于河南的知识，我觉得这是最大的收获！

版块二：开学课程之我的寒假生活

《我的寒假生活》课程设计

课程内容：

为新学期启航——我的寒假生活。

学情分析：

假期无疑是孩子们最喜欢的，而孩子们的快乐就是家人最大的幸福，父母都喜欢用照片留下这些美好的时光。在这些众多的照片中，每个孩子都选取了自己最喜欢的一张带到学校，纷纷和小伙伴说这是自己在干什么，讲起来滔滔不绝，喜悦之情溢于言表。

课程设计理念：

寒假生活丰富多彩，学校鼓励同学们用相机记录下自己的快乐时光，这个创意真是太好了！比起只用语言表述自己的所见、所闻，照片无疑是最有力的证据，视觉效果非常好。我设计这节课，就是想和孩子们一起回味寒假的快乐，并把大家的作品进行分类，把道德与法治学科的情感体验和数学学科的分类、解决问题进行有机融合。

课程目标：

1. 借助照片，讲述照片背后的故事，培养学生的语言表达能力和逻辑思维能力。

2．用照片开阔视野，用快乐渲染课堂，使学生收获更多的知识和精神愉悦。

3．把课堂上分享的内容进行分类，借助多种形式展示出来，设计数学方面的问题并加以解决，培养学生的数学思维能力。

课程评价实施：

1．学生评选"我最喜欢的寒假生活掠影"。

2．学生评选"我最喜欢的数学分类表"。

3．根据学生在课堂上收获的红花进行评价。

教学过程：

一、分享导入，抛砖引玉

同学们，今天老师带来了一些照片，请你们边看边猜：照片中的小朋友在干什么？他去的是什么地方？

这些照片源自别的班孩子们的寒假生活掠影，目的在于让同学们找到共鸣，从而引出：我们班的寒假生活也特别丰富多彩，你们想交流一下吗？

二、小组交流照片背后的故事，推选出本组大家最喜欢的照片

（一）四人为一小组交流自己带来的照片，介绍一下：照片在哪儿拍的？你在干什么？那天还有什么有趣、好玩的事情？你的心情怎样？……

（二）小组投票推选本组大家最喜欢的照片。

1．每个同学都对照片发表自己的意见，说说自己喜欢的理由是什么。

2．最后投票评选出本组大家最喜欢的照片交给老师。

三、班级分享，进行分类

（一）老师把交上来的照片拍照，上传到班班通展示，学生介绍照片

背后的故事。

每组上交一张照片，一共是 14 张。有的组好的照片多，也可以多交，老师将这些照片通过班班通进行展示，轮到哪个学生的照片，这个学生就上台介绍故事，有共鸣的学生也可以补充介绍。

（二）每个学生介绍完之后，老师引导学生对照片进行分类，展示在黑板上。

类别可以有家庭生活类（做家务、照顾弟弟妹妹等）、游玩类、知识类（学习、上辅导班等）、兴趣爱好类（画画、游泳、弹琴等）……

（三）按照老师介绍的方法每组学生对自己的照片进行分类。

（四）老师在黑板上统计出全班学生照片的类别，把这些照片用表格的形式呈现出来。

类别	人数
家庭生活类	
游玩类	
知识类	
兴趣爱好类	
……	

（五）老师介绍多种呈现方式，鼓励学生大胆创新。

可以用圆形、心形、星形、花朵等方式呈现，并且可以涂上颜色，增加美感和趣味性。

（六）分类完成之后，让学生用上学期学过的数学知识，设计数学问题，小组交换，进行解答。

四、总结

同学们，假期是我们最喜欢的，照片是最好的记录方式，"读万卷书，行万里路""家是我们最幸福的港湾",在假期中,我们有不同的生活,不同的体验。无论你经历什么,老师都希望你始终怀着一颗感恩的心,保持乐观、积极的心态,把每一天都过得快快乐乐的!

课程实施掠影

课程实施感悟

我和我的兄弟姐妹

一张张各个地方、各个主题的寒假生活照片看得我眼花缭乱,就在这众多的照片中,有一类照片映入了我的眼帘——我和我的兄弟姐妹。

新闻上说："2015年8月29日公布的十八届五中全会公报提出'全面实施一对夫妇可生育两个孩子政策。'全面二孩的人口政策调整旨在扭转人口红利下滑和老龄化加速的趋势。"二孩的到来意味着什么？它的优势是什么？

好处一：给独生子女添个伴，童年不再孤独。

孩子只有父母的陪伴，是不够的。生二孩对于孩子来说，童年里有个小伙伴儿，会有更强的分享倾向。一个孩子与同伴的关系越亲密，他们分享的意愿和照顾幼小儿童的意愿也就越强烈，孤独感也就越低。

好处二：让孩子心智得到健全发展。

独生子女的成长环境容易让他们出现以自我为中心、不会与他人交流和分享、动手能力差、缺乏责任心、依赖性强等问题。如果生二孩，会让哥哥姐姐产生一定的责任感，需要保护好弟弟妹妹，是弟弟妹妹的榜样。两个孩子一起成长，有利于孩子心智的健全发展。

好处三：防养育风险，减轻子女养老负担。

现在很多独生子女结婚后都是两个人赡养4个老人，虽然很多家长在退休后已经不需要子女来赡养，但是还是有很多不可预估的问题，给子女带来很大的压力。如果家里有兄弟姐妹，会感觉压力没那么大，而且在遇到家庭问题的时候，互相有个依靠。

好处四：二孩是调节夫妻矛盾的润滑剂。

尽管生二孩会给家庭带来不小的压力，但是孩子能给枯燥沉闷的家庭注入新鲜活力，让夫妻两人更加有奋斗的动力，一家四口的温馨生活十分让人羡慕。二孩宝宝给家庭带来了双倍的快乐，也是调节夫妻矛盾的润滑剂。

这是大人的想法，那么对于有兄弟或者姐妹的孩子来说，他们的感受是什么？经过调查，结果很让人乐观。有的孩子说："我弟弟太可爱了，我非常喜欢他！"有的孩子说："我不想让我姐姐住校，我想每天都能看到她。"有的孩子说："赶快放学吧，我弟弟今天来接我！"甚至有个孩子说："我孝顺妈妈的方法是，照顾弟弟。"所以，在寒假生活照片中，才会有那么多兄弟姐妹在一起欢乐的照片。

版块三：开学课程之课程表笔筒

《课程表笔筒》课程设计

课程内容：

新学期到了，自己动手制作一个能用来收纳文具的课程表笔筒是一个特别棒的主意。让学生将学到的美术设计知识和道德与法治课程的习惯养成内容相融合，利用废旧塑料瓶剪去瓶口变成筒状，装饰成笔筒，再设计本学期的课程表制作于笔筒之上。

学情分析：

低段年级的学生，通过感官体验各种材料、工具的特性，运用身边容易找到的各种材料，尝试简单的组合和装饰，体验设计制作活动的乐趣。

课程设计理念：

本课教学应加强与生活的联系，在造型活动中体验其中的乐趣，学习之余学生自己动手收纳整理学习用具，按课程表准备学习用品，养成良好的学习生活习惯。

课程目标：

1. 利用塑料瓶设计制作笔筒。

2. 根据塑料瓶的多种造型设计制作课程表，利用彩纸剪贴的方法对瓶筒进行美化装饰。

3. 学习之余自己动手收纳整理学习用具，按课程表准备学习用品，养成良好的学习生活习惯。

教学过程：

一、组织教学

安抚学生情绪，检查工具材料的准备情况。

二、游戏导入

猜一猜：这里面藏着什么宝物？

三、讲授新课

(一)出示课题：课程表笔筒

请欣赏古今中外不同材质、不同造型的笔筒图片。

(二)分析研究（图片和课件同时出现）

1. 研究生活中的笔筒有哪些特点。(结合图片和自己带来的笔筒进行研究)

笔筒外形：空心有底，不宜过高。

笔筒用途：收纳笔类文具。

2．观察老师的课程表笔筒和生活中的笔筒有哪些不同。

(1)课程表笔筒的材质：废旧材料。

(2)课程表笔筒的功能：收纳笔，提醒我们做好课前准备。

3．观察课程表笔筒，让学生研究：想一想怎么使用剪刀、胶棒、尺子和各种不同类型的笔，使其摆放在里面不会很乱，拿起来还很方便。

4．拿出自己带来的废旧材料，想一想自己手中的这个废旧材料能做成什么样的笔筒。

5．观察课程表笔筒，思考如何将课程表巧妙美观地粘贴在笔筒上。

四、学生实践

1．做一个有特点的课程表笔筒。

2．可以几个人合作完成，也可以自己独立完成。

五、展示作品

介绍一下你的作品或你们的作品。

六、填写评价表

"课程表笔筒"活动评价表

评价内容	评价等级
听讲认真，发言积极	
团结合作，积极参与	
笔桶实用，精致美观	

课程实施掠影

课程实施感悟

我的好朋友——剪刀

开学课程制作课程表笔筒,孩子们有的在专心折纸,有的在画装饰用的小花边,还有的在努力地剪着塑料瓶子,大家兴致高昂!

"老师,能帮我剪一下这个瓶子吗?"一个小男生高高举起小手向我求助,令我心惊的是他手中还握着一把亮闪闪的小剪刀!我三步并作两步奔到他身旁,握住他的手取下剪刀放在桌上,告诉他举手时拿剪刀是非常危险的举动。随后我留意观察了一下孩子们使用剪刀的情况,真是令人担忧啊!于是我击掌三声让孩子们安静下来,告诉他们要放下手中所有的东西,专心听我说一件重要的事情。

"小王同学,能把你的剪刀借给我用一下吗?"我对坐在第一排的一个小朋友说。"用我的。"瞬间,身边的几个孩子争先恐后地把剪刀举到了我的面前。环顾了几只拿着剪刀的小手,我伸手握住了其中一只,随后笑眯眯地说:"我用他的,因为只有他递剪刀的方法是正确的。"于是,我邀请这个学生到讲台上来,配合我一起表演如何正确接递剪刀。

随后我们又一起回顾了正确使用剪刀剪纸的方法:用右手的拇指放进剪子一侧手柄,用其余四指或三指同时放入剪子另一侧手柄。把剪子的刀口朝前,剪刀竖立起来,向前方剪,千万不要横着剪,以防剪到左手或扎到身体其他部位。不剪东西时,要把剪刀放到桌面上,不可以拿着剪刀聊天、举手、挥舞,下课时马上把剪刀收进书包里。还要避免走路时拿着剪刀,必须拿剪刀走动时，一定要把剪刀刀片合拢并握住刀片的部位，握住的剪刀靠近身体的一侧，保护好自己也不会伤到别人。

剪刀虽然是危险的工具，但只要我们把安全教育做到位，它就会是孩子们做手工的好帮手、好朋友！

版块四：开学课程之新学期新规划

《新学期新规划》课程设计

课程内容：

为新学期启航——新学期新规划。

学情分析：

二年级的孩子年龄还小，有些坏习惯不容易改掉，有些缺点还需要学生勇于挑战自我，去战胜它！

课程设计理念：

新学期的规划是对以往的总结，是对新学期的展望。制订计划，指导自己学习的方向，是非常有必要的。这个设计是把语文的口语表达能力、道德与法治学科的习惯培养、素质提升与美术学科的绘画、装饰进行融合。

课程目标：

1. 增强学生自信，使学生懂得做事要有计划，只有努力才能成功。
2. 提出新学期新的要求，统一思想，统一认识，强化常规管理教育。
3. 做好切实可行的学习计划。

课程评价实施：

1. 根据课堂表现进行评价。

2. 根据学生制作的《新学期新规划》进行评价。

教学过程：

一、提出新学期要求

新学期，同学们的面貌焕然一新，男同学越来越像男子汉了，个子也高了，女同学也都像小天使一样，比以前更漂亮了。在暑假的时候，同学们都进行了许多有意义的活动，增长了见识和本领，尤其是有的同学看了很多书，知识也越来越丰富了。同学们，新的学期已经开始，在新学期你们有什么新的打算？

二、全班交流

（一）内容：你在以前的学习生活中有什么缺点？与同学们的关系怎样？

（二）展示自己的优点和良好的习惯，设想以后的学习生活中应该怎样做，组内制订计划。

（三）小组成员发言时，小组内其他成员分工做好记录。整理适合自己的好计划并把它写下来。

（四）组员或小组长可以写一些激励性的文字，激励小组成员继续努力，争取越来越棒！

三、学习《小学生日常行为规范》

老师摘读《小学生日常行为规范》，对学生进行道德规范教育、遵纪守法教育，要求每一名同学在新学期争当"文明守纪标兵"，班级争取被评上"文明班级"。

制订个人本学期的"新学期新规划"

（一）学期计划的制订要分类，比如上课学习类、课下作业类、习惯类、与人交往类……条理清晰，文字简练，要把自己的优点写进去，并针对缺点提出改进意见。

（二）教师巡视指导，针对学生出现的共性问题进行引导。

（三）"新学期新规划"完成之后，进行装饰，增加美感和仪式感，并让学生装进成长档案盒，放在最上面。

（四）小组内交流，选出做得好的规划进行班级展示、交流。

四、总结

同学们，你们现在在同一起跑线上，龟兔赛跑的故事大家早已知道，有些同学虽然速度不快，但是只要他能坚持不懈，就一定能获得最后的胜利。有些同学速度较快，但如果他不珍惜时间，跑跑停停，仍会落后。希望大家抓住新的机遇，迎接新的挑战，振奋精神，全力以赴，跑出自己最好的水平。人生有许多"战场"需要我们去拼搏，我会坚持到底。虽然我知道在航行的路途中会有风浪、雷雨，但是只要想到"风雨过后，会有彩虹"，就有前进的动力。同学们，新学期新规划，让我们拿出自己的实际行动，好好学习，天天向上。好好播种，好好把握吧！

课程实施掠影

课程实施感悟

计划是行动的保护伞

综观那些越来越好、走得远的孩子，他们身上都有很多优秀的品质，而这些优秀品质的形成不是一朝一夕完成的，其中，我觉得很重要的一个方面就是时常反思自己、了解自己，发扬优点，克服缺点。所以，我想让孩子们在学期初能够根据自己的实际情况，制订出切实可行的学习计划。

一、制订学习计划有什么好处

（一）学习目标明确，实现目标也有保证

学习计划就是规定在什么时候采取什么方法达到什么学习目标。短时间内达到一个小目标，长时间达到一个大目标。在长、短计划指导下，学生一步步由小目标走向大目标。

（二）恰当安排各项学习任务，使学习有序进行，有了计划可以把自己的学习管理好。到一定阶段对照计划检查总结一下自己的学习，看看有什么优点和缺点，发扬优点，克服缺点，使学习不断进步。

（三）对培养良好的学习习惯大有帮助

良好习惯养成以后，就能自然而然地按照一定的秩序去学习。有了计划，也有利于锻炼克服困难、不怕失败的精神，无论碰到什么困难挫折也要坚持完成计划，达到规定的学习目标。

（四）提高计划能力，使自己成为能够有条理地安排学习、生活、工作的人。这种计划观念和计划能力，学生都应该学习和具备，这对人一生都有好处。

高尔基说:"不知明天该做什么的人是不幸的。"有些学生学习毫无计划。这些学生通常认为,学校有教育计划,老师有教学计划,跟着老师走,按照学校要求做就行了,何必自己再订计划。这种想法是不对的。学校和老师的计划是针对全体学生的,每个学生还应该按照老师的要求针对自己的学习情况制订具体的个人学习计划。由于学习计划有必要又大有好处,所以有计划地学习成为优秀学生的共同特点。学习好和学习不好的差别当中有一条就是有没有学习计划。这一点越是高年级学生越明显。

二、怎样制订学习计划

(一) 进行自我分析

1. 分析自己的学习特点,同学们可以仔细回顾一下自己的学习情况,找出学习特点。

2. 分析自己的学习现状,一是和全班同学比,确定自己的成绩在班级中的位置,常用"好""较好""中""较差""差"来评价。二是和自己过去的成绩比,看它的发展趋势,通常用"进步大""有进步""照常""有退步""退步大"来评价。

(二) 确定学习目标

学习目标是学生学习努力的方向,正确的学习目标能催人奋进,从而产生为实现这一目标而奋斗的力量。

有了做计划的方法,我觉得二年级的孩子虽然不能全面分析自己的情况,制订出来的计划还不够条理清晰,但有这样一个反思的过程就很好了。做完之后,我让学生装进成长档案盒,放在最上面,无论何时,学生翻开或者是往里面填充东西的时候,都能看一眼,从而提醒自己照计划行事。

主题二：季节课程

季节和我们的学习、生活息息相关，我校的智慧课程更是离不开季节，每个学科里都有季节的"影子"。于是，我们就把教材里具有鲜明季节特征的内容筛选出来，进行整合、梳理，再结合当时的季节、气候，设计出了以下活动：春季课程——春之树、春之诗、我眼中的春天、时间像小马车、春游；夏季课程——感恩母亲节、不让生命哭泣。

版块一：季节课程之我眼中的春天

《我眼中的春天》课程设计（一）

课程内容：

认识植树节，了解常见树木，感受春天的到来。

学情分析：

大部分学生知道每年的3月12日是植树节，但是对植树节的来源、植树节节徽以及《中国人民共和国森林法》等并不了解。另外，对于大部分小学生来说，对马路边、公园里随处可见的景观树木，比如法国梧桐树、白杨树等，可能只知道名字，了解的并不多。

课程设计理念：

通过本节课的学习，希望学生能够对这个并不起眼但又十分重要的节日有充分的了解，结合对生活中常见树木的深入认识，从而培养学生的绿色环保意识。

课程目标：

1. 了解植树节的基本知识，包括植树节的来源、植树节的节徽等内容。

2. 了解马路边、公园里常见的树木，如法国梧桐、白杨树、柳树等，培养学生爱护树木、保护环境的意识。

课程评价实施：

教师根据学生的课堂表现和发言情况，对发言的学生奖励印章，对表现好的学生奖励贴画。

教学过程：

一、导入

（一）春天来了

天气越来越暖和了，操场旁边的花已经开了，枝头的嫩芽也偷偷冒出了头。同学们，我们已经感受到了——春天来了。

好诗应好景。谁能给大家朗诵一下我们刚学的两首关于春天的诗，让大家感受一下春天的诗意？

春雨

好雨知时节，当春乃发生。

随风潜入夜，润物细无声。

咏柳

碧玉妆成一树高，万条垂下绿丝绦。

不知细叶谁裁出，二月春风似剪刀。

（二）你知道今天是什么日子吗

通过窗外的美景和同学们的诗，我感受到了浓浓的春意。今天，是一个充满春意的、特殊的节日。你们知道是什么节日吗？（植树节）

二、了解植树节

植树节是一些国家法律规定的以宣传保护树木，并动员群众参加植树造林为活动内容的节日。通过这种活动，激发人们爱林、造林的热情，提高人们对爱护森林的认识，促进国土绿化，达到爱林护林和扩大森林资源、改善生态环境的目的。

（一）植树节来源

我国近代最早的森林法和"植树节"是在孙中山先生的倡议下诞生的。1925年3月12日，孙中山在北京逝世。为了纪念他，当时的国民政府把每年的3月12日定为"植树节"。1979年2月23日，第五届全国人大常务委员会第六次会议决定，仍以3月12日为中国的植树节，鼓励全国各族人民植树造林，造福子孙后代。

（二）植树节节徽

植树节节徽包含深意：

1. 树形，表示全民义务植树3～5棵，人人动手，绿化祖国大地。

2. "中国植树节"和"3·12"，表示改造自然、造福人类、年年植树、坚韧不拔的决心。

3. 五棵树可会意为"森林"，由此引伸连接着外圈，显示着绿化祖国，实现以森林为主体的自然生态体系的良性循环。

（三）大家都在做什么

我们来看看每年植树节大家都在做什么。

大家请看：

1. 国家主席习近平在种树。

2. 幼儿园的小朋友在种树。

3. 少先队员们在种树。

4. 各行各业的人们都在种树。

小结：植树节的目的在于增种树木，保护森林。我们应当自觉、积极地参加这项活动。在美好的春天里，栽下一棵树，让它和我们一起成长。

三、生活中的树

生活中，到处可见绿色的树木，每一棵大树的生长都对人类社会有相当大的积极作用。

(一) 树木的作用

1. 森林能对生态系统起到很好的保护作用（它可以储水）。

有专家预测，假如地球上失去了森林，约有450万个生物物种将不复存在，陆地上90%的淡水将白白流入大海，人类面临严重的水荒。森林的丧失更会使许多地区风速增加60%～180%，因风灾而丧生的人数可达数亿。

2. 在城市，行道树同样可对人类社会做出不小的贡献。（它可以净化空气）

一棵树一年可以贮存一辆汽车行驶16千米所排放的污染物。很多树木可以吸收有害气体，人口稠密缺少绿化的城市每立方米大气中有细菌3.4万个，是森林的1万倍，而城市内种植一定数量的树木后，大气含病菌量可减少约80%。"城市森林"可增加空气湿度，一株成年树，一天可蒸发400千克水，使空气湿度上升的同时，亦可降低城市的温度，减缓热岛效应。

3. 城市绿化带、小区树木有降低噪声的作用。（它可以降低噪声）

4. 城市防护林具有减缓风速的作用。（它可以防风、降风速）

其有效范围在树高40倍以内，其中在10～20倍范围内可降低风速50%。

(二) 了解树

1. 法国梧桐

学名悬铃木，俗称法国梧桐。落叶大乔木，高达30米。树皮薄片脱落状。叶大，叶片为掌状，5～7裂，边缘有波齿状。有圆球形花果3～5个。树干高大，枝叶茂盛，可广泛用作街道绿化树种。

2. 白杨树

落叶乔木，树高5～15米，树皮灰白色，是一种很普通的树。其生存能力强，人们在路边常能看到。树冠宽阔，树干直立，高大挺拔。树叶呈三角卵形，长4～5厘米，叶柄3～4厘米。叶边有微波状齿。雄花序长3～6厘米。花期4～5月。

3. 银杏树

银杏树又称白果树，落叶大乔木，树干直径可达4米，幼树树皮平滑，浅灰色。壮年树冠圆锥形，树冠宽大，高大挺拔。叶片呈扇形，有细长叶柄，绿色。宽5～8厘米。银杏树是理想的园林绿化树。

4. 柳树

落叶大乔木，柳树枝条细长而低垂，褐绿色。树冠长卵形。叶的形状呈线状披针形，长6～14厘米，宽5～11毫米，两端尖，边缘有细锯齿。花期4～5月。柳树树形优美，是园林绿化的佳选。

5. 合欢树

合欢树又称绒花树、夜合花。落叶乔木，观赏植物。树高可达16米，树干灰黑色。嫩枝。小叶10～30对，长圆形，长6～12毫米，宽1～4毫米。花朵在枝头排成圆锥形花序。花粉红色。花萼长3毫米，花冠长8毫米。花期6～7月。

四、小结

这节课你学到了什么？你有什么感受？

学生小组内交流分享。

课程实施掠影

课程实施感悟

被忽略的树

在讲到公园里、路边的树的时候，全班学生都沸腾了。他们都跃跃欲试，想要发言。但是，当学生在说的时候，却发现有些不知道该怎么表达。

那些树屹立在那里，我们每天都能够看到，却没有仔细观察过它们。这就导致学生对这些树并不熟悉。学生也意识到了这个问题：我对那些树木并不了解。带着这个问题，学生对下面的学习兴趣极高，希望对生活中常见的树木有更深的了解。

生活中到处充满了小知识，但是这些不起眼的小知识也是容易被忽略的。因此，在教学中应该注重联系生活实际，善于挖掘那些普通但容易被忽视的知识，把教学归于实践，归于生活。这样也能够提高学生的学习兴趣，让学生学得主动、学得轻松，而且也能够很好地提高课堂教学的实效性，迅速提高学生的学习水平。

在讲完树的作用和生活中常见的树后，学生恍然大悟，恨不得赶快去看一看，摸一摸。因此，要让学生触摸到知识的神奇与丰富，感受知识的产生或许就是我们身边一个不经意的生活片段。

《我眼中的春天》课程设计（二）

课程内容：

认识环境污染的严重性，制作环境保护标语。

学情分析：

冬天有时候，郑州的雾霾污染会很严重。对此，每个学生都有深切的体会。因此，通过向学生展示目前地球环境污染的严峻形势，学生很容易产生共鸣，从而激发学生保护环境的意识。

课程设计理念：

本节课从学生生活的环境入手，让学生了解地表植被的减少、水污染、垃圾污染和空气污染等严重的环境污染问题；让学生意识到，必须从小事入手、从现在开始，保护我们生活的环境，保护大自然。本课时融合了道德与法治学科培养学生保护环境的相关内容。制作环保宣传标语，要求学生自己动手进行制作涂色，因此又与美术学科进行了融合。

课程目标：

1. 了解环境污染的严峻形势，培养学生保护环境的意识。

2. 制作环保宣传标语，培养学生保护环境的责任感。

课程评价实施：

1. 教师根据学生的课堂表现和发言情况，对发言的学生奖励印章，对表现好的学生奖励贴画。

2. 展示学生制作的环保宣传语成果。

教学过程：

一、导入

大家看过动画片《熊出没》吗？动画片里的光头强是做什么的？熊大、熊二和森林里的其他小动物的任务是什么？

小结：如果人人都是光头强，那么森林将会变成沙漠。

二、严重的环境污染问题

（一）大气污染

1．大气污染的原因

(1) 工厂废气排放、汽车尾气排放。

(2) 烧垦烧荒、森林失火、炊烟（包括路边烧烤）。

(3) 尘土（包括建筑工地）等。

2．大气污染的危害

(1) 急性中毒

印度博帕尔农药厂毒气泄露，直接造成了 2500 人丧生，10 多万人受害。

（2）致癌

致畸作用与突变作用。

（3）患病率升高

近年来，中国城市居民肺癌发病率很高，其中最高的是上海市，城市居民呼吸系统疾病发病率明显高于农村。

（二）水污染

全国目前已有82%的江河湖泊受到不同程度的污染，每年由于水污染造成的经济损失高达377亿元。以下是一次严重的水污染事故：

时间：2012年12月31日7时40分

地点：长治市潞城市境内

涉事公司：山西天脊煤化工集团股份有限公司

事件：输送软管破裂导致的苯胺泄漏事故

后果：泄漏苯胺随河水流出省外，致漳河流域水源被污染。

事故造成山西沿途80千米河道停止人畜饮用自然水，河北邯郸因上游来水被污染，致使大面积停水。

受此事件的影响，红旗渠等部分水体中苯胺、挥发酚等因子检出超标，安阳市相关部门采取了切断水源、暂停沿途人畜饮水等措施予以应对。

（三）土壤污染

土壤污染指由于人类活动产生的有害、有毒物质进入土壤，积累到一定程度，超过土壤本身的自净能力，导致土壤性状和质量变化，构成对农作物和人体的影响与危害的现象。

1. 据不完全调查，目前全国受污染的耕地约有1.5亿亩，污水灌溉污染耕地 3250 万亩，固体废弃物堆存占地和毁田 200 万亩，合计约占耕地总面积的十分之一以上。

2．目前，全国土壤污染的面积、分布和程度不清，导致防治措施缺乏针对性。防治土壤污染的法律还是空白，土壤环境标准体系也未形成。资金投入有限，土壤科学研究难以深入进行。

3．据估算，全国每年因重金属污染的粮食达 1200 万吨，造成的直接经济损失超过 200 亿元。土壤污染造成有害物质在农作物中积累，并通过食物链进入人体，引发各种疾病，最终危害人体健康。

面对环境污染这个严峻的问题，你有什么感想？

三、呼唤明天的绿色

为了保护我们的生活环境，保护大自然，我们可以做什么？

1．节约用水

地球作为一个蓝色的星球，虽然地球表面 70% 以上被水覆盖，但世界上许多国家城市缺水问题日趋严重。由于缺水，粮食产量减少，沙漠化严重，沙尘暴频繁发生。节约用水对于我们每一个公民来说，已是当务之急。因此，我们要节约用水。如：一水多用（例如洗完衣服的水可以拖地等）、杜绝长流水（上厕所、洗手和洗澡要及时关水龙头）、不往河流扔垃圾、水箱漏水及时修理等，做到人人节约用水。

2．减少污染

环境污染一般由生活中的"三废"——废水、废气、废渣造成。可引导学生观察马路上汽车废气的污染程度、观察河流上漂浮的污染物，还有噪声。了解它们对身体的危害，明白减少污染就是爱护自己的身体，使生活更美好的道理。

3. 珍惜能源

我们每天都在消耗大量的能源，而地球上储存的能源是有限的。因而我们要珍惜现有能源，积极利用可再生能源。人们有一个错误的认识，认为大自然的资源是取之不竭的，所以会盲目开发，不合理利用。因而，从小教育孩子善用能源是非常重要的。在生活中，最常用的能源是煤气、电等，应学习一些如何节约能源的方法。如：多用电风扇，少开空调；多用节能灯，少用白炽灯；多用太阳能热水器，少用电热水器；多用淋浴，少用浴缸；多用传热快的餐具，减少煮食时间；少用一次性的用品等，确保能源被合理运用。

4. 绿化环境

植树的意义大多数人都理解，而且也是一个最直接、最实际的环保方式。我们可以在家中开展"绿色小阳台""绿色小房间"等活动，并在植树节进行班级集体植树活动或联合社区进行植树活动，使我们的生活环境得到进一步的绿化、净化与美化。

5. 废物再用

环保现今已成为一种崭新的生活方式，在平时生活中，如果我们稍加注意的话，就能做到"少一分破坏，多一分建设"。优越的生活环境很容易使孩子形成随意浪费的坏习惯，这其实也是一个浪费资源的问题。我们可以利用一些废旧材料，如小麻绳、塑料瓶、纸筒、包装纸、瓦楞纸等，学习做小笔筒、相框、分类盒、花瓶等有用的小物品。

四、制作环保标语

我们可以制作漂亮的宣传标语牌，放在醒目的地方，时刻提醒我们自己，提醒家人、朋友要爱护环境、保护大自然。

为学生提供可选择的宣传标语：

植下一棵树，收获万点绿。

植树造林，青山永不老。

水是生命之源，树是水的卫士。

珍爱绿色，珍爱我们共有的家园。

杨柳抽芽始于人，万物萌发源于春。

冬天栽树树正眠，开春发芽长得欢。

三九四九，栽杨种柳。

绿化祖国，处处山清水秀。

植树造林，平衡自然生态。

栽花种草，点缀锦绣江山。

岁岁绿化造林，有岭皆春。

树木棵棵种，绿荫点点阴。

双木成林染尽山河，独苗虽绿怎抵风沙。

人人义务植树，年年绿化祖国。

学生小组交流制作的宣传标语，并说一说自己怎么保护环境。

课程实施掠影

课程实施感悟

呼唤明天的绿色

环境污染问题，是社会的热点问题，学生对这个问题也有深刻的体会。在课堂上，一提到《熊出没》，大家就纷纷发言，知道这个动画片讲的是熊大、熊二保护森林的故事。对于环境污染，特别是大气污染的问题，大家也有许多话要说。因为在郑州，每年冬天大家都受雾霾之害。因此，学生们都在吐"苦水"。当问到自己应该怎样保护环境时，学生提出了很多建议。但是，我却发现，他们把生活中许多保护环境的"小妙招"忽略了。

可见，学生虽然有环保的意识，但是还不知应该怎样做才能更有效地保护环境。因此，我们要加强对学生的环保教育，不仅要增强学生的环保意识，学习、宣传环保知识，还要鼓励学生、帮助学生养成自觉保持环境卫生的习惯，不做污染环境的事，积极参加保护环境的公益活动。

对学生进行环保教育是我们教师义不容辞的责任。但是，环保教育不能仅停留在口头上，要落实到生活中。对于教师而言，在教育学生的同时也要以身作则，保护环境，为学生树立榜样。

《我眼中的春天》课程设计（三）

课程内容：

春之诗。

学情分析：

春天就在我们身边，但因为忙于学业，学生整天局限于校园、课本，而对春天的美缺乏感受、体验。但爱美之心人皆有之，我们要引导学生发现春天、热爱春天，培养他们热爱生活的情感是我们每个老师的使命。本节课就是通过让学生读、背春天的诗歌，感受春天的美好，感受中国传统诗歌的文化意境。

课程设计理念：

本课时融合了道德与法治学科学生观察自然、体会自然的相关内容。设计和制作春天的卡片，要求学生自己动手进行制作涂色，因此又与美术学科进行了融合。融合语文学科通过诗词的积累发现感悟春天之美，增进热爱春天的情感。

课程目标：

1. 通过观察春天的动植物、天气等的变化发现春天并初步感受春天。
2. 通过了解春天的季节特点及人类活动，更好地认识春天。
3. 通过诗词的积累发现感悟春天之美，增进热爱春天的情感。

课程评价实施：

借助学校常规指南等表格，各科教师对学生进行持之以恒的要求、训练、检查、评价。

教学过程：

一、导入

课前播放音乐《春天在哪里》，营造春天氛围。

"最是一年春好处，绝胜烟柳满皇都。"当你走出户外，又见桃红柳绿，又闻百鸟齐鸣时，你的心中不禁会涌出一种渴望：让我们寻找春天的脚步，谱写一曲春天的赞歌吧。

二、觅春

春天，就像个淘气的娃娃，他四处躲藏着，如果你不用心观察，他可能与你擦肩而过。细心的孩子，你在哪儿发现了春天呢？和你的同学分享一下，并谈谈你对春天的感受。

三、识春

注意根据学生的回答引导到节气的说明上来，引导学生观察大自然。

是的，小草从石头缝里伸个懒腰，也许是立春开始就有的秘密活动；二月间，"浅草才能没马蹄"；四五月，草地绿油油的，仿佛铺上一层绿毯；各种花竞相开放，迎春花是春的使者，它最先展露笑颜；三月的桃花与人面相映红；四月的樱花花瓣飘落出无数浪漫。即使同在春天，自然界的景物变化和动物活动并不一样，人们也常根据物候的变化安排农事活动，这便是我们常说的节气。同学们知道我们上周六度过的是二十四节气中的哪一个节气吗？

你还知道哪些节气是属于春天的？在不同的节气里，自然界是怎样变化的以及人们此时都会做些什么活动呢？

其实要了解不同节气里的物候变化及人类的活动，我们既可以借助地理学科中学过的二十四节气的基本常识，当然也可以唱唱这首《二十四节气歌》。

四、赏春

（一）是的，节气里蕴含着丰富的知识，节气是我国古代劳动人民长期积累的经验和智慧的结晶，我国古代的诗人也以自己独特的视角，发现并为我们描绘了一个不一样的春天！春风、春雨、春花、春草、春山、春水、春鸟、春人，皆是诗人歌咏的题材。聪明的你们，在多年的求学生涯中，一定积累了许多描写春天的诗歌。现在我们就来进行一场"春诗大比拼"，看哪个组积累的描写春天的诗词最丰富。

先别急，要做到诗歌的有效积累，我们应该先学会鉴赏诗歌。请看大屏幕，思考后回答。诗句是从什么角度描写春天哪种景物的？很好，你还积累了哪些描写春花、春草、春雨、春树的诗词呢？请自选角度对所搜集的诗词进行简单赏析。此轮我们以大组比赛的形式进行，四个大组各负责整理其中一种，然后派一名或几名声音洪亮的代表集中发言，在规定的时间内答出有效诗句最多的一组获胜。每组展示时间为3分钟。

（二）是啊，如此多优美的诗句让我们仿佛看到了一幅幅优美的春天的图画。而一幅幅春天的图画，如果配上一两句恰当的诗词又妙处横生。苏轼就曾为宋代著名僧人、诗画家惠崇的名画《春江晚景》题诗，这便是我们现在读到的《惠崇〈春江晚景〉》。现在，我们也来欣赏这幅画作，尝试着用我们积累的诗词给画题诗。

五、妙笔颂春

你们看，语文多么有意思啊！"世界并不是缺少美，而是缺少发现美的眼睛。"当我们用慧眼去观察、用心去感受、用笔去描绘时，我们就会觉得处处皆生活，处处皆语文，美无处不在。今天的作业便是用心发现春天的美，并用你的生花妙笔把它描绘下来。

你可以以《我心目中的春天》为题写一篇作文或画一幅关于春天的图画。

课程实施掠影

课程实施感悟

诗为有声之画，画为无声之诗

"诗为有声之画，画为无声之诗。"这句话也许会让我们明白读诗、背诗可能并不在表面的诗词里。

我们学校有一套自编的古诗词教材——《天天诵读》，从一年级到六年级，每个年级、每个学期，都有不同的背诵内容，每学期孩子们都要把本学期的《天天诵读》背会。孩子们经常会问：为什么要背会这些书上没有的诗呢？因为要积累。积累有什么用呢？是的，这在短时间内还真没看出有什么用。

这次主题课程却回答了孩子们的疑问。

我们在让孩子们背有关春天的古诗时，孩子们忽然发现好多古诗他们都会背，他们会背的关于春天的古诗竟然这么多！只是以前没有归类罢了。

读古诗，孩子在短时间内收获不到它的益处，但未来的某一天，或许就是"出口成章"和"草草几个词语"之间的差别。

就像网友说的：背古诗词是为了长大后我们在面对大千世界里的无数美景时，脑子里出现的不是"好多鸟，真好看！"而是"落霞与孤鹜齐飞，秋水共长天一色"！

这些背诵过的古诗词，终将融入我们的生活、我们的血液，成为我们自身的一部分。

《我眼中的春天》课程设计（四）

课程内容：

春季研学。

学情分析：

"一年之计在于春"，春天是万物复苏的季节，也是踏青的好时节。莺飞草长、百花齐放，春风吹来了又一个逐梦的花季。我们怎能错过春天的美景？在学习之余，组织全体学生进行踏青春游，可以让孩子们亲近自然、融入自然，从而放松身心，同时培养团队合作精神，营造和谐融洽的集体氛围，增强班级凝聚力。

课程设计理念：

本课时融合了道德与法治学科学生观察自然、体会自然的相关内容，设计和制作春天的卡片。要求学生自己动手进行制作涂色，因此又与美术学科进行了融合。融合语文学科写话练习，提升学生的写作水平，增进热爱春天的情感。

课程目标：

1. 通过观察春天的动植物、天气等的变化发现春天并初步感受春天。

2. 通过了解春天，让孩子们更好地亲近自然、融入自然。

3. 培养团队合作精神，营造和谐融洽的集体氛围，增强班级凝聚力。

课程评价实施：

借助学校常规指南等表格，各科教师对学生进行持之以恒的要求、训练、检查、评价。

教学过程：

一、导入

迎着丝丝春风，伴着暖暖阳光，明天我们就要走出校门，走向美丽的大自然，亲近感受大自然,感受生活的美好,在春意盎然的季节里放飞心情。同学们，你们准备好了吗？

二、活动要求

心中有规则，才能做到行动上守规矩。今天这节课我们就先来了解一下这次活动的具体要求。

（一）活动总则

1．一切行动听指挥，全程跟着班集体。

2．有良好的集体意识、卫生意识、文明意识。

3．遵守纪律。

4．不做危险的动作，不玩危险的游戏。

5．不大声说话，不拿别人的东西，不争抢。

6．有问题要举手问，在征得老师同意后再行动。

（二）春游准备物品

1．饮用水：不许一边走路一边喝水，可以在导游停下讲解、同学去洗手间的时候、吃午餐的时候喝水。水不喝时要把盖子拧紧。不带玻璃瓶装的饮料和有汽的饮料。

2．食物：尽量带健康食品；不得在车上吃食物，不得一边走路一边吃食物，可以在吃午餐时吃，吃完后要把垃圾收好。

3．分组、野餐垫：分组后，每组确定一个人带垫子。

4．纸巾、垃圾袋：每人1包纸巾。每人准备4个垃圾袋，把不能带走的东西全部装入垃圾袋中，找到垃圾桶扔掉。若没有垃圾桶，则带回学校再扔掉。

5．背包：用背包把所有东西装好，并检查背包带是否牢固。所有物品都放在背包里背着，双手不提任何东西。

6．药品：告诉家长，自己是否有晕车的情况，有的话要带好风油精。常有肚子疼的情况，则需要准备止肚疼药。

7．可以带手机、手表，但物品遗失后果自负。

如果不慎走失，请找到同校的老师或同学，让其帮忙联系自己的老师；

或找到公园相关工作人员让其帮忙联系学校。

8．鞋子：穿适合走路的鞋子，不得踢、绊别人，不得故意踩水。

9．不得带任何玩具（卡片、球等），不得在车上、春游过程中玩玩具。

10．按要求穿衣服、佩戴红领巾。

11．不能带超过10元的零用钱。

12．注意仔细观察，回来后要写作文。

(三) 注意事项

1．乘车注意事项

(1) 先在班级门口排队（升旗队），按次序走到班级车子旁边，按照先后顺序上车。

(2) 上车后，两个同学为一组就坐，从最后往前面坐，不得挑、换座位。

(3) 在车上可小声聊天，不得大声说话，不得站着，不得把身子倾向前面的椅子，不得过位。

(4) 车上不得吃零食。

(5) 下车时要把东西带齐离开。

(6) 在老师身边排好队伍，听从老师指挥。

2．游览过程注意事项

(1) 活动统一由老师安排，同学需要注意：活动过程中注意老师、家长是否在身旁，不准私自离开队伍，更不能私自走出公园门口，即使上厕所也要告诉老师。

(2) 下车参观时不大声喧哗，在游玩时要爱护景点的花草树木，不乱丢垃圾，做个文明的小学生。

(3) 凡是有水的地方要注意安全，如果老师不同意玩水，就不能到有水的地方洗手、洗脚。即使东西掉到水里也不能捡，应告诉老师处理。

（4）保管好自己的东西，要注意节俭，不准向同学借钱，可以带零用钱，但不能超过 10 元。钱可以在口渴时买矿泉水喝，但不能买小动物和玩具。

3．玩游戏注意事项

（1）听从老师、导游、工作人员指挥。

（2）排队，按顺序到指定地点等待。

（3）玩的时候注意个人安全。（有心脏病、恐高症、易头晕的同学需要向老师提前说明）

（4）玩后到指定地点排队，等齐全班同学一起离开。

（5）整个过程不得吵闹、推挤、随意玩耍。

4．午餐注意事项

（1）到达指定地点后，7 个同学为一组就坐；按照排队的顺序入座，不得挑、换座位。

（2）午餐期间，离开座位需经老师或家长同意，并说明去向，并在 3 分钟内回来。

（3）午餐期间不得大声说话、换位、争抢东西。

（4）午餐后要把自己组内的垃圾全部用垃圾袋装好，扔进垃圾桶。

（5）午餐后，如果需要去洗手间，可向老师或家长说明，3 分钟内回到原地。

（6）午餐结束后，自觉排队，等全班同学齐了再出发。哪个同学不会排队，全程跟在老师旁边学习。

5．去卫生间注意事项

（1）出发前一定先去卫生间。

（2）在游览的过程中，老师会安排统一去洗手间，到时会说明，要去的同学举手。

（3）午餐后可去洗手间，但需要向老师说明。

6．返校注意事项

（1）按照去时的队伍、座位上车就坐，不得挑、换座位。

（2）下车后，按顺序排队回学校。学生没有和老师打招呼不得私自离队和家人离开。

三、总结

心中有规则，才能做到行动上守规矩。希望同学们牢记要求，能够玩得开心，有所悟，有所得。

课程实施掠影

课程实施感悟

集体研学好处多

"梨花风起正清明，游子寻春半出城。"我记得小时候学校经常会组织春季研学、秋季研学。不知从何时起，大部分的学校都不敢组织孩子们集体出游了，家长也不怎么赞成这种活动了。理由很简单：安全起见！幸好，我们金水区实验小学每年还有两次研学的机会！

如果教室里传来高分贝欢呼声，那么一定是老师宣布了春游的消息。每到这时同学们早就没有心思听老师讲什么注意事项了，一个个如小麻雀一般叽叽喳喳讨论个不停……有的孩子激动得一夜能醒来好几次！

我觉得这些集体研学活动，一方面让孩子运用感官真切感受了生活，亲近了大自然，陶冶了审美情趣，为孩子创造可以探索和发现的乐园；另一方面培养了孩子的集体意识、互助意识，提升了自我管理能力、合作能力，塑造了良好的性格……这是家庭教育所无法替代的。

在这些研学活动中不知道有多少奇妙的事情发生。不知道那些没有参加过集体出游的孩子，他们童年的回忆会不会因为没有这些活动而大打折扣。

读万卷书不如行万里路，集体研学在儿童的健康成长中具有不可替代的作用，希望这些研学活动能在更多的学校开展起来。

《我眼中的春天》课程设计（五）

课程内容：

美丽的春天。

学情分析：

1．二年级的学生活泼好动，在课堂上采用视频、图画的形式，可以调动学生的注意力。

2．采用多种形式来进行教学，鼓励学生充分发挥自己的想象思维和创造能力。

3．二年级的孩子，对于直观的、易于表达的学习内容，学习兴趣较高，已经能够通过文字和图画来展现自己内心的体会。

课程设计理念：

这个春天特别美，每年的春天总是悄悄地来，悄悄地走，而今年的春天留给孩子们的是一种美，一种无处不在、立体的美。在本次活动中我们从多方面让孩子们感受春天的美。几首不同情感的有关春天的歌曲散发着静静的、清新的春天气息，洋溢着欢快、充满生机的活力。在美的环境中游戏、学习，孩子们也会用多种方式表达自己对春天的美的理解。结合语文学科，孩子们把自己春游的收获，用文字表达出来；结合音乐学科，孩子们唱出了赞美春天的歌曲；结合美术学科，孩子们用美丽的画笔表达自己眼中的春天。

课程目标：

1．走进春天，感知春天。

2．通过学校组织的春季实践活动，用自己的文字、画笔、歌声赞美春天。

3．激发孩子们热爱春天、热爱大自然的感情。

课程评价实施：

通过动手写、画、唱，比一比谁做得好。

教学过程：

一、引出主题

提问：你们知道现在是什么季节吗？春天是什么颜色的？

二、活动《春游》

本次活动我们将通过春游让孩子自己感受春天的美，大胆尝试运用多种方式表现春天的美。于是，我们设计并开展了以看、听、画的形式来感受春天。

1．春天的秘密启发孩子发现春天的变化，《我眼中的春天》鼓励孩子将自己的发现用语言表达出来。

提问：你看到的春天是什么颜色的？春天和冬天有什么不同？和夏天有什么不一样？

2．在观看春天的同时我们会让孩子们边走边欣赏有关春天的歌曲。

提问：歌曲里的春天有哪些颜色？你觉得春天应该是什么颜色的？

3．孩子用画笔描绘春天。

教师提示：请家长带孩子自选一个角落，让孩子用自带的不同色系的油画棒，把自己看到的春天画下来。

三、欣赏作品

将自己画好的画挂到指定的绳子上让大家欣赏评价。

春天的色彩之所以丰富多彩，是因为它是有生命力的。

课程实施掠影

版块二：季节课程之时间像小马车

《时间像小马车》课程设计（一）

课程内容：

1. 演唱歌曲《时间像小马车》。

2. 复习巩固和时间有关的词语，复习诗歌《长歌行》。

3. 学习与时间有关的名句。

学情分析：

低年级学生处于习惯养成的良好时机。然而，班里有学生做什么都慢，任务总是拖到最后，有必要对他们进行珍惜时间的教育，教学生合理安排自己的时间，学会利用琐碎的时间。

课程设计理念：

在平时教学中，我发现学生没有形成良好的时间观念，让时间在不知不觉中溜走了。而数学《时、分、秒》、语文诗歌的学习、音乐歌曲的学习为本课程奠定了基础。

课程目标：

1. 演唱歌曲《时间像小马车》，培养学生的音乐素养。

2. 复习巩固已经学过的和时间有关的词语，复习诗歌《长歌行》。

3. 拓展、了解与时间有关的名句，体会时间的重要性。

教学过程：

一、导入

同学们，树叶枯了，它有再绿的时候；花儿谢了，它有再开的时候；燕子走了，明年春天它一定会再飞回来。然而，这世间有一样东西却是一去不复返的。它给勤奋者留下智慧的力量，它给懒惰者留下空虚和懊悔，它是组成生命的材料，它是衡量重量的标准。同学们，它是什么呀？（时间）

二、学习歌曲《时间像小马车》

歌词：

> 时间像小马车，
>
> 时间像小马车，
>
> 哒哒哒哒哒哒哒哒向前跑。
>
> 你我同坐一班车，
>
> 你我同坐一班车，
>
> 哒哒哒哒哒哒哒哒谁也少不了。
>
> 时间像小马车，
>
> 时间像小马车，
>
> 哒哒哒哒哒哒哒哒向前跑。
>
> 大家各自做什么，
>
> 大家各自做什么，
>
> 哒哒哒哒哒哒哒哒那就不同了。

1. 初听，感受歌曲表达的情绪

今天老师带给大家的这首歌告诉我们时光来去匆匆，好像一辆不知疲倦的小马车,如果一不小心,就会让它白白溜走。让我们一起来听这首《时间像小马车》。

2．设问

谁能给大家说说,你听到小马车奔跑的声音了吗?

谁能给大家表演一下?

3．练习

学生跟着音乐学唱。反复练习。

三、复习与时间有关的词语和《长歌行》

1．回忆与时间有关的词语

谁还记得我们上学期学过的和时间有关的词语?(让学生上台写一写)

日月如梭　光阴似箭　寒来暑往　星移物换

(让学生说一说这些词语的意义)

2．背诵《长歌行》

  青青园中葵,朝露待日晞。

  阳春布德泽,万物生光辉。

  常恐秋节至,焜黄华叶衰。

  百川东到海,何时复西归?

  少壮不努力,老大徒伤悲。

大家还记得这首诗歌的意思吗?请说一说。

四、拓展学习

你知道哪些和时间有关的句子,和大家分享一下。

  三更灯火五更鸡,正是男儿读书时。黑发不知勤学早,白首方悔读书迟。

一寸光阴一寸金，寸金难买寸光阴。

少年易学老难成，一寸光阴不可轻。

吾生也有涯，而知也无涯。

时间的步伐有三种：未来姗姗来迟，现在像箭一样飞逝，过去永远静立不动。

谁对时间越吝啬，时间对谁越慷慨。要时间不辜负你，首先你要不辜负时间。放弃时间的人，时间也放弃他。

时间就是生命，时间就是速度，时间就是力量。

五、谁偷走了你的时间

在我们平时的学习中，许多同学总能为自己未完成作业找到理由，总能为自己越积越多的背书任务找到借口，同样的时间，你却没有完成，为什么？今天，老师想与同学们共同探讨这个问题：谁偷走了你的时间？

总结：懒惰是罪魁祸首，所以，要利用有限的时间，既要争分夺秒，又要克服懒惰。

课程实施掠影

课程实施感悟

迸发的"灵感"

我发现在自习的时候,有部分学生在写家庭作业,而有些学生却在看课外书、画画、折纸……于是我就问他们:"你们的作业写完了吗?"其实他们的作业并没有写完,而是准备回家再写。我为他们这样度过宝贵的在校时间感到可惜。于是,我会劝他们写作业。可是,有的学生依然如此。

数学课学了《时、分、秒》后,练习册上有道题:调查学生一星期每天晚上的睡眠时间,说一说一周内有几天少于10小时,并试着分析原因。有些学生基本每天的睡眠时间都少于10小时,而且理由都是:作业写得太晚。我看了看,这些正是在学校没有抓紧时间完成作业的那部分学生。由于在学校没有利用时间写作业,回家就要花费一定的时间来完成。但是,他们并没有意识到自己存在的问题。再加上有的学生上兴趣班,写作业的时间更加紧迫。因此,我意识到很有必要对学生进行时间意识教育。

于是,我和其他学科的老师进行交流,发现语文、音乐和美术都有与时间相关的内容。因此,这样一节"时间像小马车"的主题课程就此产生。而且各个学科的融合,让学生对合理安排时间、珍惜时间的体会更深刻了。

《时间像小马车》课程设计（二）

课程内容：

制作小钟表。

学情分析：

低年级学生处于习惯养成的良好时机。然而，班里有学生做什么都慢，任务总是拖到最后，我有必要对他们进行珍惜时间的教育，教学生合理安排自己的时间，学会利用琐碎的时间。

课程设计理念：

在平时教学中，我发现学生没有形成良好的时间观念，让时间在不知不觉中溜走。而且数学《时、分、秒》、语文诗歌的学习、音乐歌曲的学习为本课程奠定了基础。

课程目标：

1. 制作小钟表，感受时间不知不觉地流逝。

2. 在制作过程中培养学生的创造能力。

课程评价实施：

学生的设计成果以及学生的课堂表现。

教学过程：

一、导入：一分钟能做什么

同学们，一分钟，它不长也不短，但是在这一分钟内，你们能做些什么呢？学生讨论并发言。

小结：一分钟我们可以做很多事情！珍惜时间，就要争分夺秒与时间赛跑，克服懒惰，持之以恒！

二、画一画

1．猜一猜

请大家来猜个谜语：

哥哥倒比弟弟短，

天天竞走大家看。

弟弟走了十二遍，

哥哥刚好走一圈！

大家真聪明，一下就猜出来是钟表了。今天我们就一起来画一画，自己设计一个小钟表。

2．认一认

引导学生注意钟表的细节：

(1) 时针、分针和秒针的区别

时针是又短又粗，分针是又长又粗，秒针是又细又长。

(2) 钟面的格子

钟表上一圈是12大格，每大格里面是5小格。

3．画一画

要求：选取你一天中的几个时间段，自己设计钟面的样式。然后在钟面上画一画，并写一写你在做什么，经过了多长时间。

4．说一说

三、成果展示

小组相互交流，说一说你设计的钟面、做的事情和经过的时间。

每组选择优秀的同学上台展示，锻炼学生的语言表达能力。

四、小结

"少壮不努力,老大徒伤悲。"同学们,从现在起,珍惜时间吧!不要等到头发花白了,再去感慨时间都去哪儿了!最后,把一首有关时间的小诗送给大家!

有人说,时间是只蝴蝶,想去捉它,它已经飞走了;

有人说,时间是海里的游鱼,想去捕它,它已经游走了;

有人说,时间是美丽的彩虹,想去摸它,它已经消失了;

我说,时间是一团薄雾,想去碰它,它已经散了……

课程实施掠影

课程实施感悟

涂色的奥秘

涂色是美术课上最基本的操作。但是，涂色并不像我们想象的那么简单，也是有一定的方法和技巧的。在学生制作小钟表的时候，我发现有个学生涂得有点脏。有的地方涂过界了，有的地方没有涂到，有的地方涂得重，有的地方涂得浅……

我就问他："你怎么涂得有点乱呢？能不能细致一些？"他告诉我，他用的油画棒笔头太粗，一不小心就涂过界了。油画棒是美术课经常用的涂色工具，质地较软，适合大面积涂色。而钟面的面积较小，学生自然而然就容易涂过界了。

其实，涂色是有技巧的。在用油画棒进行涂色的时候，首先，要用力按住图，这样才能均匀，否则很难附着到纸上；其次，画的时候先勾出外框，按照从上到下或者从左向右的顺序来涂；最后，那些边边角角的地方，由于油画棒不容易涂到，可以采用水彩笔来涂。我把这个技巧教给他，并手把手地为他示范涂的方法，他再涂起来就干净了许多。后来，我看到他很高兴地和周围的同学分享这个小技巧。

我虽然是一个数学老师，但是在整合课程的过程中，学到了许多美术、音乐学科的知识，也对数学有了不一样的理解。我还能够把这些知识传递给学生，和学生一起成长，获得了不一样的成就感。

版块三：季节课程之感恩母亲节

《感恩母亲节》课程设计（一）

课程内容：

感恩母亲节。

学情分析：

班上的孩子大多都是独生子女，"四位老人、两位父母和一个孩子"的"421"家庭模式成为社会的主导。一些孩子把父母为之的付出看成理所当然，他们记得住自己崇拜的明星、偶像的生日，却记不住父母的生日；他们知道高档玩具的价格，却不知父母的辛苦。

课程设计理念：

母爱是人间最伟大、最无私、最真诚的爱，世界因为有了母爱而变得更加丰富多彩。沧海桑田，世事变迁，唯有母爱能赐予我们神奇的力量，而且母爱的光辉将永恒不变。有许多人、许多事，经历了转身便会忘记，但在我们的心灵深处永远不会忘记我们的母亲，永远不会因为岁月的流逝而削减我们对母亲那深深的爱。在母亲节来临之际，我们特设计了这个主题活动，祝福天下所有的母亲节日快乐，幸福安康……

课程目标：

1. 让学生知道父母对自己的养育之恩，理解父母对自己的关爱，对父母产生感恩之情，常怀感恩之心。

2. 学会与父母沟通、换位思考，学会感恩，以实际的行动报答父母的养育之恩。

3. 让学生把爱延伸到社会，用感恩的心去对待自己身边的亲人和老师。

课程评价实施：

根据学生上课的表现，给孩子的荣誉护照上加盖小印章。

教学过程：

一、播放《唱给妈妈的摇篮曲》

有一个人，她永远占据你心中最柔软的地方，她愿用自己的一生去爱你；有一种爱，它让你肆意地索取、享用，却不要你任何的回报……这个人，叫母亲；这种爱，叫母爱！今天，就让我们一起走近母亲，去品味亲情，去感悟深深的母爱。

二、母亲节专辑——亲情启示

(一) 母亲的诠释

仔细想想，原来 mother 一词是可以这样解释的：

    m (many)　　妈妈给了我很多很多

    o (old)　　　妈妈为我操心，白发已爬上了您的头

    t (tears)　　您为我流过不少泪

    h (heart)　　您有一颗慈祥温暖的心

    e (eyes)　　您注视我的目光总是充满着爱

    r (right)　　您从不欺骗我们，教导我们去做正确的事情

mother 这一单词被赋予这么多美丽的内涵，看来古今中外对母亲这一词语都是无比的尊敬。为母亲设立一个节日，借以表达对母亲的感恩之情，就成了所有人心中共同的心愿。

（二）母亲节的由来

母亲节起源于古希腊，古希腊人在这一天向希腊神话中的众神之母赫拉致敬。17世纪中叶，母亲节流传到英国，英国人把封斋期的第四个星期天作为母亲节。在这一天里，出门在外的年轻人将回到家中，给他们的母亲带上一些小礼物。现代意义上的母亲节起源于美国，由安娜·贾维斯（1864—1948）发起。她终身未婚，一直陪伴在母亲身边，母亲于1906年5月9日去世，安娜悲痛欲绝，次年，安娜和她的朋友开始写信给有影响的部长、商人、议员来寻求支持，以便让母亲节成为一个法定的节日。安娜认为子女经常忽视了对母亲的感情，她希望母亲节能够让人多想一想母亲为家庭所付出的一切。第一个母亲节于1908年5月10日在西弗吉尼亚和宾夕法尼亚州举行，在这次节日里，康乃馨被选中为献给母亲的花，并以此流传下来。1913年，美国国会通过了一项议案，将每年5月的第二个星期天作为法定的母亲节。母亲节从此流传开来！

（三）母亲之花——康乃馨

在纤细青翠的花茎上，开出鲜艳美丽的花朵，花瓣紧凑而不易凋落，叶片秀长而不易卷曲，花朵雍容富丽，姿态高雅别致，色彩绚丽娇艳，更有诱人的浓郁香气，甜醇幽雅，使人目迷心醉，这就是在母亲节赠给母亲的鲜花——康乃馨。1934年的5月，美国首次发行母亲节纪念邮票，邮票上一位慈祥的母亲，双手放在膝上，欣喜地看着前面的花瓶中一束鲜艳美丽的康乃馨。随着邮票的传播，许多人在心目中把母亲节与康乃馨联系起来，康乃馨便成了象征母爱之花，受到人们的喜爱。康乃馨与母亲节便联系在一起了。人们把思念母亲、孝敬母亲的感情，寄托于康乃馨上，康乃馨也成了赠送母亲不可缺少的珍贵礼品。

三、感受母爱

(一) 体会古时候母亲对孩子的爱

1. "岳母刺字"的故事

岳飞小时候家里非常穷，母亲用树枝在沙地上教他写字，还鼓励他好好锻炼身体。岳飞勤奋好学，不但知识渊博，还练就了一身好武艺，成为文武双全的人才。

当时，北方的金兵常常攻打中原。母亲鼓励儿子报效国家，并在他背上刺了"精忠报国"四个大字。孝顺的岳飞不敢忘记母亲的教诲，那四个字成为岳飞终生遵奉的信条。每次作战时，岳飞都会想起"精忠报国"四个大字。由于他勇猛善战，立下了不少功劳，名声也传遍了大江南北。

2. "孟母三迁"的故事

孟子小时候很贪玩，他家原来住在坟地附近，他常常玩筑坟墓或学别人哭拜的游戏。孟母认为这样不好，就把家搬到集市附近。孟子又模仿别人做生意和杀猪的游戏。孟母认为这个环境也不好，就把家搬到学堂旁边。孟子就跟着学生们学习礼节和知识。孟母认为这才是孩子应该学习的，心里很高兴，就不再搬家了。

(二) 说说在生活中母亲对我们的爱

1. 小组内交流

2. 全班交流

（三）你是否了解妈妈

沐浴在母爱中的我们真正了解自己的母亲吗？

1．妈妈的生日是 ＿＿＿＿＿＿＿＿＿＿ 。

2．妈妈的体重是 ＿＿＿＿＿＿＿＿＿＿ 。

3．妈妈的身高是 ＿＿＿＿＿＿＿＿＿＿ 。

4．妈妈穿 ＿＿＿＿＿＿＿＿＿＿ 码鞋。

5．妈妈喜欢的颜色是 ＿＿＿＿＿＿＿＿＿＿ 。

6．妈妈喜欢的水果是 ＿＿＿＿＿＿＿＿＿＿ 。

7．妈妈喜欢的花是 ＿＿＿＿＿＿＿＿＿＿ 。

8．妈妈喜欢的日常消遣活动是 ＿＿＿＿＿＿＿＿＿＿ 。

请你如实回答。

有心的同学可以把答案写在一张纸上让妈妈评分，答对 6 道题以下的同学请你以后多与妈妈沟通。

四、学会感恩

父母为我们默默地奉献着自己的爱，我们该怎样孝敬他们呢？

1．学生讨论发言

2．总结：孝敬父母的方面有很多

（1）了解父母的生日、爱好，适时地送上自己的祝福。

（2）为父母分忧，帮助他们做一些力所能及的事。

（3）学会拥抱父母，学会说"谢谢"；敢于向他们承认错误，敢说"对不起"。

（4）体贴父母，为劳累了一天的他们捶捶背、揉揉肩。

（5）不让父母为我们的学习操心。

（6）珍惜父母的劳动成果，不向父母要超出家庭经济条件的东西，不为难父母。

（7）学会关爱身边的每一个人，让父母体会我们成长的喜悦。

3．为母亲念诗

深情朗诵《游子吟》。

4．为母亲歌唱

一首简单的歌因母爱而流传不衰，因歌颂母爱而得以永恒。简单的旋律，平实的歌词，让我们用感恩的心为母亲歌唱。

5．为母亲送祝福

（1）说出你想对妈妈说的话。

母爱是人世间最伟大、最无私、最真诚的爱，因为有了母爱世界变得更加美好温暖。沧海桑田，世事变迁，唯有母爱能赐予我们神奇的力量，而且母爱的光辉将永恒不变。此时此刻，你想对妈妈说些什么？

（2）学会"母亲节快乐"的英语表达"Happy Mother's Day!"

唐代诗人孟郊的一首《游子吟》："慈母手中线，游子身上衣。临行密密缝，意恐迟迟归。谁言寸草心，报得三春晖"。确实，母亲对我们的爱永远也说不完、道不尽。在母亲节到来之际，让我们一同为普天下的母亲道一声：节日快乐！

五、主题拓展

今天我们主要聊了妈妈对你们的爱，除了母爱，还有老师的爱、亲人的爱、朋友的爱等。老师希望同学们在接受这些爱的同时，也能以一颗感恩的心去对待别人。

播放课件：誓词

　　感谢我的父母，您给了我生命，教我学走路，教我学说话，让我健康地成长；感谢我的老师，您给了我教诲，教我学知识，教我学做人；感谢我的朋友，你给了我纯真的友谊，教我学会关爱，让我充满了希望；感谢社会，感谢人生。我一定自立、自尊、自强，健康成长！

课程实施掠影

课程实施感悟

教育从爱开始

重视人的全面发展，重视学生的完整人格培养，个性充分发展是21世纪教育的重要内容。实行素质教育、培养学生完整的人格，是老师责无旁贷的重任。我个人认为，对学生从小进行感恩教育是培养学生完整人格的关键。

因此，借着五月份第二个星期天是母亲节的契机，我给学生上了一堂"感恩母亲"的主题活动课。其间我问孩子们："爸爸妈妈生养了我们，付出了很多艰辛，你有没有想过怎样报答爸爸妈妈对你们的养育之恩呢？"顿时教室里炸开了锅，孩子们的讨论声此起彼伏。有的说，我长大了给父母盖一间大房子；有的说，我长大工作了给父母好多好多钱；有的说，我长大了给他们钱让他们周游世界……孩子们的回答五花八门，但都离不开感恩的前提是长大以后。这时，我给孩子们讲了古代孔融让梨的故事、电视公益广告中小男孩给母亲端洗脚水的故事，让孩子知道其实感恩可以很简单，一句关心的问候、一个贴心的小动作足以让父母欣慰不已，让孩子们懂得感恩是从自己身边的小事做起，从点滴做起，并不需要等长大了才开始感恩父母。

活动中，我还设计了一个"你是否了解妈妈"的环节，8个关于妈妈的日常问题，全班56个人，能够完全回答上来的只有4个。更让我惊讶的是，第一个问题：你妈妈的生日是哪天？在我们看来如此简单的问题，班上只有13个孩子知道。然后我就问孩子"谁的妈妈不记得你的生日呢？"却没有一个孩子举手。是啊，孩子的生日妈妈都记得，而妈妈的生日，却没有几个孩子能够记得。但你们有没有想过,你们生日的这天,最应该感谢的是你们的爸爸和妈妈,因为那天是你们妈妈的受难日、爸爸的辛苦日,你们的生日最应该感谢的是父母……孩子们听后都沉默了。当我又问他们想为爸爸妈妈做些什么时,有的说要为妈妈捶捶背,有的说要为他们做顿饭,还有的孩子说要努力学习,不再惹他们生气了……

教育其实很简单也很难,简单在生活中发生的每件小事都可以用来教育孩子做人的道理,难在很多孩子的教育不是一件事情就可以完成的。对于身为教育工作者的我来说,孩子的教育是永无止境的,"路漫漫其修远兮,吾将上下而求索!"

《感恩母亲节》课程设计(二)

课程内容:

亲手制作母亲节礼物——好妈妈奖章。

学情分析:

结合上节课开展的"感恩母亲节"主题活动,带领孩子们亲手制作"母亲节礼物",以抒发内心情感,表达对母亲的感恩之情,并把优秀作品向全班展示,调动学生的参与积极性,满足学生的表现欲望。

课程设计理念:

母亲的关爱是无微不至的,每年五月的第二个周日母亲节来临的时候,我们应该亲手制作一份礼物来表达我们对母亲的爱。本课以"母亲节礼物"为题来亲自设计并制作"好妈妈奖章",培养学生的设计能力和利用纸材进行立体造型的能力。设计"好妈妈奖章"动手制作的过程是和美术课的融合，设计过程中的背景音乐《鲁冰花》是和音乐课的融合，制作过程中的纸张对折是和数学课中的对称进行了融合。

课程目标：

1. 学会制作母亲节礼物——好妈妈奖章。

2. 让学生在手工制作中感受到母亲的爱，学会关心和感恩母亲，形成回报母亲的价值观和情感。

3. 在操作过程中提高动手操作能力和合作能力。

准备材料：

彩纸、剪刀、胶水、水彩笔。

课程评价实施：

学生的课堂纪律表现及最终完成的手工作品。

教学过程：

一、导入

昨天的主题活动，我们知道了母亲节的由来。哪个同学告诉老师母亲节是哪一天呢？

二、新授课

（一）交流、讨论

母亲节就要到来了，老师想在母亲节送妈妈一份礼物。同学们，你们想吗？学生齐声回答：想。

同学们都准备在母亲节送妈妈什么礼物呢？(学生举手回答：一束花、贺卡、花和贺卡都送) 听完学生的回答后，老师提出，比起在商店里买来的礼物，自己亲手制作的礼物更有意义。

今天，我们就一起亲手制作一枚"好妈妈奖章"送给我们的妈妈。

(二) 探索学习

欣赏老师带来的作品：

1. 这枚奖章是用什么材料做的？

2. 它由哪些部分组成？

3. 分步操作教学。

(1) 将 A4 大小的纸张对折，从中间剪开，然后再对折一次，继续剪开。

(2) 将剪好的长纸条进行折叠，然后再对折一下，需要准备两个。

(3) 然后用胶水将两个折叠好的部分粘到一起，就是一个圆形了。

(4) 用剪成圆形的彩纸作为奖章中间的部分，上面需要贴上一张稍小一点的白色圆形纸片，用细细的纸条作为下面的装饰。

（5）粘好之后，就可以在白色纸上面设计图案或写上赞美妈妈的话了。

（三）学生操作

你可以选择和身边的同学合作，也可以选择独立来完成，现在你们就来做做看吧！

在学生制作期间，教师注意进行巡视、指导。（在制作过程中，可播放歌曲《鲁冰花》，营造气氛）

（四）成果展示

1. 学生制作完成的作品，让学生先自己点评，并请其他学生指出优缺点。

2. 展示学生的作品，评出小小巧手奖。

三、总结

今天这堂课，同学们制作的东西可不一般，可以算是一件非常伟大的作品！因为这是你们付出辛勤的劳动亲手为妈妈制作的礼物，我相信，妈妈看到了，一定会非常高兴的！

课程实施掠影

课程实施感悟

每个孩子都是一颗星星

　　有人说，每个孩子都是一颗星星，都有发光的时刻。有的星光亮，有的星光暗，但是只要你仔细观察，都会看到属于他们独有的光亮。是啊，这次主题活动让我真正体会到了这句话的含义。

二（3）班的李则是一个让每位老师提起来就头疼的孩子，但是在今天的活动课上我看到了另一面的他。平时上课铃声响半天才磨磨蹭蹭走到座位上的他，今天早早就坐在了自己的位置上，并准备好了本节课手工制作要用到的工具和材料。一上课，我告诉同学们今天要亲手制作一件手工作品作为母亲节的礼物送给自己的妈妈。在整个讲解的过程中，他都能坐得笔直，认真倾听。开始做手工了，我悄悄走到他的身旁，第一次看到他那么认真地在做一件事情。我问他是不是对这次活动非常感兴趣，他说是的。他还告诉我，他准备认认真真地做好这枚"好妈妈奖章"，然后把它悄悄地放进一个鞋盒里，在上面再铺上一层细纸条，等母亲节那一天他要亲手送给妈妈。我说你妈妈收到你自己亲手做的礼物一定会非常开心的。说话的时侯我看到了他脸上自豪的微笑……让我万万没有想到的是，平时那么一个让老师头疼的孩子却有着这么细腻的感情。

每个孩子都有缺点，但是，同样地，他们也都有各自的优点。作为老师，我们应该用全面的眼光看待孩子，既要发现他们的缺点，鼓励他们改正，又要发现他们的优点并及时表扬，这样，孩子们才能更有信心。

版块四：季节课程之不让生命哭泣

《不让生命哭泣》课程设计（一）

课程内容：

预防溺水，珍爱生命。

学情分析：

生活中我们不难发现很多未成年人"天不怕地不怕"。为什么他们比成人还胆大呢？主要原因是他们不知道危险，没有风险意识。因为家长包办代替孩子做了很多事情，过度的保护虽然为孩子躲避了受到伤害的可能性，但同时也让孩子缺乏风险意识以及处理危险的能力。我们唯有让孩子也提前掌握预见危险的能力，他们才能够看清风险，从而远离危险。

课程设计理念：

炎热的夏季是孩子们容易发生溺水事件的季节，加强和防范学生溺水安全教育管理工作刻不容缓。为了确保学生人身安全，严防溺水事故的发生，避免孩子私自到游泳池、池塘、河流、水库等有水源的地方嬉戏与游泳，提高孩子防溺水的自觉性和识别险情、紧急避险、遇险逃生的能力，特设计此次活动。希望通过这次活动，孩子们能够体会到生命的宝贵，珍爱生命，学习怎样做才能保护好自己和其他人的生命。

课程目标：

1. 了解有关防溺水安全知识，感悟生命的宝贵，增强安全意识。

2. 通过参与情境感悟、知识抢答、观看安全教育宣传片等活动养成自觉遵守防溺水安全原则的好习惯，掌握溺水救护方法。

课程评价实施：

根据学生课堂表现在荣誉护照上加盖小印章。

教学过程：

一、导入

1. 导入

小朋友们，在炎热的夏天，你们喜欢哪些活动呢？你们喜欢游泳吗？是啊，一到夏天大家都很喜欢去游泳。那么，你知道游泳或玩水会出现什么危险吗？

呛水——是呀，可危险了。

溺水——还会危及生命呢！

原来在水边玩耍给我们带来欢乐的同时也隐藏着危险呢！小朋友们，今天我们就来上一堂"不让生命哭泣"的防溺水安全教育课。

2. 什么是溺水？（板书：溺水）

请同学来告诉我们溺水是怎么一回事吧。

（PPT出示：溺水是指大量水液被吸入肺内，引起人体缺氧窒息的危急病症。多发生在夏季，游泳场所、海边、江河、湖泊、池塘等处。溺水者面色青紫肿胀，眼球结膜充血，口鼻内充满泡沫、泥沙等杂物。部分溺水者因大量喝水入胃，出现上腹部膨胀。溺水可造成溺水者四肢发凉，意识丧失，重者因心跳、呼吸停止而死亡。）

3．溺水的危害

小朋友们，老师这里还有一组数据，让我们一起来看一看吧。（略）

4．看了这些数据，你有什么想说的？

二、哪些情况会引起溺水危险呢

溺水会导致死亡。那么，哪些情况会引起溺水呢？（指一名学生说）

小结：独自前往戏水、直接入水、危险区域、惊慌失措、盲目施救，都有可能会引起溺水事故。

三、怎样玩水才是安全的呢

1．独自前往——家长陪同（情境对话）

今天，亮亮和小红也来跟我们一起学习防溺水知识啦！他们曾经碰到过一个难题。

有一天，爸爸妈妈不在家，小红约亮亮一起去游泳。如果你是亮亮，你会怎么办呢？（家长陪同）

2．危险区域——选择安全区域（选择区域）

（出示图片：水草丛生、漩涡、写有"水深危险"的地方和游泳馆）

亮亮和小红在父母的陪同下终于可以去游泳了，可是他们遇到了一个难题，你们说，他们该选哪一个呢？（安全区域）

杂草丛生、有漩涡、有危险标志的地方不能去。

3．直接入水——准备活动：班级游泳小健将现场带领大家做

（1）创设情境：是呀，亮亮和小红看到有水玩太高兴了，穿好泳衣马上跳进泳池，这时爸爸妈妈阻止了他们，你知道是为什么吗？（做好准备运动）

（2）想想后果：是呀，小朋友们，如果没有做好准备运动就下水可能会怎么样呢？

（3）下面，让我们也来做做热身运动吧！全体起立。学生跟做（伸展运动、颈部运动、拉伸运动、弓步运动）

哇，做完热身运动可真好啊！

4. 惊慌失措——懂得自救

小红下水游泳了，在水里游着游着，一不小心腿抽筋了，该怎么办呢？惊慌失措随意挣扎，还是先冷静下来，马上大声呼救？

（观看视频：游泳自救）

5. 盲目施救——保护自己。

（1）案例分析：该不该救人？

亮亮在水边很着急，他很想跳下水去救小红，你们说行吗？（行／不行）

让我们来看一个案例：12岁的小学六年级学生小董在玩耍时，突然看到一个不认识的小朋友落入河里，他便迅速跳下水去营救。小朋友被他托起来了，可他却再也没能上岸，永远地离开了这个世界。

小朋友们，你们认为他这样做可取吗？为什么？

不可取，应该在保证自己人身安全的前提下实施能力范围之内的救援，大家要学会保护自己。

（2）学会拨打110、120急救电话

那他最佳的做法应该是怎样的？（大声呼叫，拨打110、120）

你知道打110电话的时候要注意什么吗？

小朋友们，遇到事情不要惊慌，要沉着冷静，迅速找到电话拨打120

急救报警电话，为救援争取时间。并准确无误地告知120事故发生的地点和人员，简单地说明事故的原因，等待救援。如果地方比较偏僻，人最好到路口等候接应。

(3) 下面老师想请同桌两人模拟打电话。看着屏幕，一人扮演120急救中心工作人员，另一人当求助的小朋友。(同桌一组试，评议)

四、溺水的安全预防与自救

1. 播放动画片：小朋友们真能干，老师奖励大家看一部动画片，待会儿还要考考大家呢，认真观看并思考的小朋友肯定不会被难住。

2. 抢答环节：下面是抢答环节，知道答案的小朋友请在我读完题目后马上举手抢答。

选择题：

(1) 当发现有人溺水，你该怎么办？　　　　　　　　　　　　(C)

A．下水救助　　　B．放任不管　　　C．把竹竿抛给溺水者，电话报警

(2) 不小心腿抽筋了，怎么办？　　　　　　　　　　　　　　(A)

A．大声呼救　　　B．用力蹬水　　　C．使劲胡乱向岸上游

(3) 下列哪个是禁止游泳的安全标志？　　　　　　　　　　　(B)

A．　　　B．　　　C．　　　D．

(4) 下水时切勿太饿或太饱。饭后（　）才能下水，以免抽筋。(B)

A．半小时　　　B．一小时　　　C．两小时　　　D．三小时

判断题：

(1) 当发生溺水时，可以将手臂上举乱扑腾。　　　　　　　　(×)

(2) 学生可以潜泳，相互比一比谁潜水的时间更长。　　　　　(×)

(3) 夏天太热，吃完中午饭后立即去游泳，消暑解热。　　（×）

(4) 游泳过程中，应该互相关照，互相关心，而不要相互嬉水，或捉弄对方。一起去游泳，如果有人提前上岸，要告诉他，一起去游泳应该一起回家。　　（√）

五、读儿歌，说"高招"

小朋友们真聪明，老师也给你们准备了一首儿歌呢，一起来听一听。(第一遍听，第二遍拍手跟唱)

　　　　我防溺水有高招，大人陪伴第一招。

　　　　私自游泳很危险，不去深水很重要。

　　　　我防溺水有高招，游前热身第二招。

　　　　伸手踢腿弯弯腰，预防动作不可少。

　　　　我防溺水有高招，解除抽筋第三招。

　　　　赶紧上岸很重要，喝糖补水解疲劳。

　　　　防溺措施要知道，不可逞能不骄傲。

　　　　安全二字记心中，远离危险身体好。

六、总结升华，时刻提高警惕

同学们，通过今天的学习，我们初步掌握了防溺水的知识。人的生命只有一次，幸福快乐掌握在你的手里，希望同学们珍惜生命，提高警惕，严防溺水事故的发生。

课程实施掠影

课程实施感悟

见义智为，量力而为

　　天气越来越炎热，预防溺水也渐渐成为学校安全教育的热点话题。为了孩子的人身安全，我们要严禁溺水事故的发生，所以进行了"预防溺水，珍爱生命"的主题活动。

本次活动中,我假设了这样一个情境:"亮亮和小红去游泳。小红下水游泳了,在水里游着游着,一不小心腿抽筋了,亮亮在水边很着急,他很想跳下水去救小红,你们说行吗?"意料之中,有人说不行,有人说行。有个小男孩站起来说:"在遇到有人掉下水时,可以找一根绳子把他拉上来。"关于这个绳子的问题,我和孩子们展开了讨论,提出:"如果有人掉下水,我们用绳子往上拉,能拉上来吗?"就这一问题我刚说完就有孩子回答道:"不能,因为我们太小了!"还有孩子说:"可以找旁边的大人来帮忙。"孩子毕竟是孩子,没有亲身感受,说出的解决方法有时不切合实际,于是,我给孩子们播放了一段视频,这段视频中呈现的主要内容就是盲目施救的惨痛后果。在播放视频的时候,我发现孩子们脸上表现出恐惧的表情。

　　以此为契机我告诉学生:即使再"情况紧急",对自身能力的明智判断都不可或缺。因为不能有效保护自己而贸然施救,非但难以救起危难者,也极易导致自己身处险境,反而为他人的施救增加困难。

《不让生命哭泣》课程设计(二)

课程内容:

　　制作"防溺水宣传卡"。

学情分析:

　　结合上节课开展的"不让生命哭泣"的主题活动,带领孩子们亲手制作"防溺水宣传卡",希望能把这些宣传卡带到生活中去,让更多的人能够引起重视。并把最佳作品向全班展示,调动学生的参与积极性,满足学生的表现欲望。

课程设计理念：

学生通过上节课的学习体验，已经对防溺水知识有了一定的了解。本课以防溺水为主题让学生亲自设计并制作"防溺水宣传卡"，培养学生的设计能力和利用纸材进行立体造型的能力。希望学生们能把精心设计的宣传卡从课堂上带到生活中，在生活中做防溺水形象大使，让更多的人珍爱生命！本课时融合了道德与法治课学生安全意识培养的相关内容，防溺水宣传卡的设计和制作是要求学生自己动手进行绘画涂色，因此又与美术课进行了融合。

课程教学目标：

1. 学会制作"防溺水宣传卡"。

2. 让学生在"防溺水宣传卡"的制作中再次感悟生命的可贵，增强安全意识。

3. 通过"防溺水宣传卡"的制作，提高学生的设计、制作能力。

课程评价实施：

学生的课堂表现及最终形成的作品。

教学过程：

一、导入

昨天的主题活动，我们了解了预防溺水的一些方法，哪个同学能告诉我怎样才能预防溺水呢？

二、新授课

（一）交流、讨论

你们记得可真清楚，那么你们想不想把这些方法分享给身边的朋友和亲人呢？可以通过什么方法来分享呢？

今天我们就一起来制作一个"防溺水宣传卡",希望你们能把这些宣传卡带到生活中去,让更多的人能够引起重视。

(二)探索学习

"防溺水宣传卡"欣赏。(出示"防溺水宣传卡"示范图,边欣赏边讲解边板书)

1."防溺水宣传卡"的内容可以写些什么?(比如:可能导致溺水的行为介绍、防止溺水事故发生的措施、如何应对溺水事故等)

2."防溺水宣传卡"的形式有哪些?(单页卡、折页卡,平面的、立体有声的,横式的、竖式的,心形的、树叶形的及不规则形的)

3."防溺水宣传卡"的制作方法有哪些?(绘画、剪贴)

4."防溺水宣传卡"的制作要求:主题鲜明、内容突出、富有创意。

(三)"防溺水宣传卡"的制作步骤

1．构思、设计

我们要制作一张宣传卡,首先应该有一个好的构思,然后按自己的构思画出铅笔设计稿。

2．准备一张较厚的纸,按所需形状剪裁。

3．书写或剪贴防溺水宣传语。如"预防溺水,人人有责!""珍爱生命,预防溺水"等简单的字句。

4．整理画面:看看什么地方需调整,什么地方空了需添画。

(四)学生操作

你可以选择和身边的同学合作,也可以选择独立来完成,现在你们就来做做看吧!

在学生制作期间,教师注意进行巡视、指导。

（五）展示宣传卡，并延伸至生活

1. 课前小朋友都精心制作了宣传卡，老师想请你们都来做做防溺水宣传形象大使，下面以四人为小组互相交流宣传卡，并评选出最佳作品上台展示。

2. 假日小队为小组讨论

3."防溺水宣传形象大使"上台展示（投影展示）

小朋友们真不愧是小小宣传员，每张宣传卡都做得这么精致。做了宣传卡还要发挥它的作用，周末的时候你可以和自己假日小队的小朋友一起组织一次"不让生命哭泣——预防溺水，珍爱生命"的假日小队活动，把你们精心设计的宣传卡从课堂上带到生活中，在生活中做防溺水形象大使，让更多的人珍爱生命！

三、总结

安全重于泰山，平安高于一切，万家平安是我们共同的心愿。让平安的种子播撒进我们的心田，让欢乐和幸福永远围绕在我们身边，让平安伴随着我们健康成长。

课程实施掠影

课程实施感悟

珍爱生命，安全第一

夏季来临，溺水事故是危害青少年安全的"第一杀手"，为了避免孩子私自到游泳池、池塘、河流、水库等有水源的地方嬉戏与游泳，严防溺水事故的发生，我们开展了一次"不让生命哭泣——预防溺水，珍爱生命"的防溺水安全教育活动课。

结合本班的特点，我们通过谈话使学生明白了什么是溺水以及溺水的严重性；通过参与情境感悟，教育学生如何预防溺水，如何识别险情和紧急避险的方法；通过观看安全教育宣传片，教给孩子遇险逃生和溺水救护技巧。同时，我们在课上还进行了防溺水安全知识的测试，并发放了《防溺水告家长书》。第二节课带领孩子们一起做了"防溺水宣传卡"，希望能把这些宣传卡带到生活中去，让更多的人能够引起重视。

教育的作用是防患于未然，更重要的是把这种思想贯输给孩子们，让他们时刻牢记安全这根弦，做事时要动脑筋，考虑周全，要让自己远离一些危险源,增强安全防范意识。

通过这一主题活动,学生们深刻认识到溺水事故的严重后果,从而增强了安全意识,牢记溺水是非常危险的。在日常生活中要增强安全意识,防患于未然,自觉做到"珍爱生命,安全第一"。学生掌握了一定的溺水自救与预防知识,以后要随时提高警惕,严防溺水事故的发生。

主题三：传统课程

随着时代的发展，传统文化在学习和生活中的影响有些淡化，但传统文化的重要性却日益重要。为了让我国博大精深的传统文化传承下去，我们要尽一些微薄之力。传统文化包含的内容非常广泛，我们分设的小主题有传统游戏、传统节日、其他传统类主题等。

版块一：传统课程之游戏篇

《游戏篇》课程设计（一）

课程内容：

丢手绢。

学情分析：

二年级的学生，他们好奇、好动、活泼，通过一年级的学习掌握了一点课堂常规的知识，但是绝大多数学生常规把握得不好。他们的自制力较弱，运动技能水平也比较低。因此，在教学中要结合学生的这些特点，利用游戏、语言激励、比赛、展示等方法不断鼓励学生进步。

课程设计理念：

学生玩过很多游戏，对游戏的规则有一定的了解。他们喜欢玩游戏，对游戏的意义有了一定的认识。但是，他们的认识具有一定的局限性。他们有些只是为了玩而玩，不知道游戏的真正意义，不知道游戏可以锻炼身体，同时还可以愉悦身心，增长知识，锻炼各方面的能力。

本节课配合音乐课中《丢手绢》的歌谣，加强孩子们对歌谣的练习。

课程目标：

1. 通过丢手绢的游戏，引导学生遵守游戏规则，锻炼学生的自我控制能力。

2. 引导学生在游戏中体验童年生活的乐趣，丰富他们的校园生活。

3. 把语文、数学、音乐等知识融入游戏中，让学生在锻炼身心的同时，巩固所学的知识。

4. 利用游戏增进师生之间的感情，锻炼学生的自我表现能力，鼓励学生大胆表现自己。

教学过程：

一、出示手绢，引出活动

出示手绢，激发兴趣

教师：看到手绢，你们想到了什么好玩的游戏？

学生交流

(设计意图：出示手绢，让学生交流自己想到的游戏，激发学生的兴趣)

二、交流讨论，激发情绪

1. 学生自由交流丢手绢游戏的玩法

学生在交流游戏玩法的时候，教师适时给予提示。

2. 教师总结游戏玩法

一个同学做丢手绢人，其余同学围成一个大圆圈，面朝中间。游戏开始时，大家唱儿歌《丢手绢》，丢手绢人拿着手绢沿着外圈走或跑。当唱到"轻轻地放在小朋友的后边"时，丢手绢的同学悄悄将手绢丢在一个同学身后，并迅速离开。当唱到"快点快点抓住他"时，若被丢的同学发现身后的手绢，被丢的同学立即起身去追丢手绢的人，丢手绢的人则迅速跑到被丢者的位置上蹲下。若丢者被抓住，则继续做丢者或者表演一个节目，若未被捉住，则交换角色继续游戏。若被丢手绢的同学未发现身后的手绢，被丢手绢的人捉住，要表演节目。

3．师生共同制订本次游戏规则

学生讨论制订游戏规则，教师总结给全班同学听。

游戏规则：围成圈的人面朝中间，丢手绢的人跑的时候，其他人不能转头往后看，只能用手摸。手绢丢下后，其他同学不能告诉被丢的同学。若被丢的同学发现身后的手绢，被丢的同学立即起身去追丢手绢的人，丢手绢的人则迅速跑到被丢者的位置上蹲下。若丢者被抓住，则继续做丢者或者表演一个节目。若未被捉住，则交换角色继续游戏。若被丢手绢的同学未发现身后的手绢，被丢手绢的人捉住，要表演节目。（节目可以是唱歌、跳舞，或者背古诗等）

三、分组游戏，体验乐趣，体会意义

1．男女生分组进行游戏，体验游戏的乐趣。

教师提出要求：在玩游戏的时候，同时想想丢手绢的游戏有哪些意义。

2．教师在游戏的过程中适时提醒学生遵守游戏规则，鼓励学生大胆表现自己，勇敢地在同学面前表演节目，锻炼学生的自我表现能力。

3．游戏结束后，学生分组讨论交流游戏的意义，每组选一名代表讲述本小组的交流结果。

课程实施感悟

小手绢，大智慧

这天下午，我们组织二年级（1）班玩"丢手绢"的游戏。我心里想：

不就是丢手绢嘛，多简单的一个游戏。自己小时候就玩过了，大家都会。我心里这样想，但是真正开始玩游戏的时候却不是那样简单的事了。

我把孩子们集中在一起，告诉他们今天我们要玩一个好玩的游戏。我让他们围成一个大圆圈，蹲下来。我告诉孩子们这个游戏叫"丢手绢"。我的话音刚落，小甲就出声了："老师，我玩过这个游戏。"我听了，暗自高兴。有个孩子会玩这个游戏就好办了。我手上拿着手绢，绕着圈边走边介绍游戏的玩法，并示范了一下。我把手绢放在了小乙的身后，又走了一圈，来到他的身边"抓住他"，没想到，他"哇"地一声哭起来。我心里一惊，怎么会这样？只是一个游戏！我只好哄着他。我又重新进行一次，我把手绢放到小甲的身后，让他接着我的顺序，将游戏进行下去。幸好他不负重托，我就顺势把游戏玩法又说了一次。由于他们以前玩过这个游戏，渐渐地我放手让他们自己玩。这样来来回回玩了几趟，孩子们会玩了，也爱上这个游戏了。

接下来的游戏顺利多了。我尽量让每个孩子都能丢一次手绢。班上的小丙平时默默地坐在位置上，我故意让孩子把手绢丢到小丙的身后，让她也去丢手绢。但她不去，我扶着她，带她一起丢，也让她感受一下这个游戏的乐趣。还有平时不爱讲话不爱参加活动的小丁。在这个游戏中，我看到了他们的笑容。活动结束后，我问孩子们："今天的游戏好玩吗？会玩了吗？"孩子们都开心地笑了。我也笑了。

活动结束后，我回想起刚才的游戏，不禁感叹：要多给孩子玩游戏的机会，多让他们参与活动，这才是他们快乐的童年。感叹之余，我也对刚才活动中出现的细节问题进行思考。在以后的活动中如何给他们讲游戏规则和玩法，更能让他们接受，使得他们都能参与到游戏中去。这有待自己进一步思考。

《游戏篇》课程设计（二）

课程内容：

滚铁环。

学情分析：

二年级的学生，他们好奇、好动、活泼，通过一年级的学习掌握了一点课堂常规的知识，但是绝大多数学生常规掌握得不好。他们的自制力较弱，运动技能水平也比较低。因此，在教学中要结合学生的这些特点，利用游戏、语言激励、比赛、展示等方法不断鼓励学生进步。

课程设计理念：

体育对学生的思想品德、智力发育、审美素养等的形成都有不可替代的作用，所以怎样让学生学有所乐、学有所获、学有所用是我们一线体育教师所要思考的问题。因此选择学生喜爱的并且平时可以积极参与锻炼的活动内容，譬如民间传统游戏——滚铁环，让学生学会并乐于参与民间传统游戏活动中来，为学生们的终生体育锻炼打下良好的基础。本课时融合了道德与法治课学生安全意识培养、诚实守信等内容，将语文、体育、道德与法治等课进行了融合。

课程目标：

1. 通过滚铁环游戏，引导学生遵守游戏规则，锻炼学生的自我控制能力。

2. 发展学生力量、灵敏等身体素质练习，提高学生的身体协调能力。

3. 把数学、科学等知识融入游戏中，让学生在锻炼身心的同时，巩固所学的知识。

4．培养自觉遵守纪律、相互合作、不怕失败的优良品质。

教学过程：

一、教师引导

(1) 教师讲解热身游戏的方法与规则

(2) 在教师言行提示下进行游戏

(3) 自主玩铁环

(4) 试试身手，展示学习成果

二、照本宣科

(1) 教师讲解活动要求，强调团队合作

(2) 小组合作练习，拼一拼，跳一跳

(3) 教师指导，参与练习

(4) 小组展示，交流心得

(5) 采纳一组所运用的适合比赛的方法进行集体游戏

(6) 由该组的同学和教师担任裁判

(7) 比一比，赛一赛

(8) 师生共同做游戏小结

三、画龙点睛

(1) 教师引导学生仔细观察、找窍门

方法1：左推右推

方法2：一提二靠

(2) 小组体验练习，交流心得，积极开展互评

(3) 小结学习情况，鼓励表扬

安全小贴示：

(1) 安全的持环姿势，在活动中避免碰撞

(2) 要求：找准钩与环的最佳接触点，仔细观察、正确互评

四、拓展小游戏——拼图案

(1) 教师提出游戏方法

(2) 小组合作创想拼图方案

安全小贴示：

(1) 课后要洗手，这样可以使我们的身体更健康

(2) 要求：轻松愉快，发挥想象

课程实施感悟

摸着石头过河

体育传统类小游戏的教学我们一直都在尝试，大小问题层出不穷，但是我们都能极力克服，滚铁环游戏是我们本学期几节传统游戏课里技术要求比较高的。为此我们精心准备几节课的实施流程，争取以最好的状态展示给孩子们。

第一节课，我把滚铁环项目做了介绍，并做了一个漂亮的示范动作，讲解了练习的方法，然后组织学生进行尝试练习。学生根本就体会不出如何用力，出现推圈无力和过分用力现象，不过学生还是玩得很积极，并没有因为玩不起来而退却。

第二节课，我让学生先练习用手推铁环，等能把铁环推起来以后，尝

试把手柄贴上去推。部分同学可以顺利推起来了，但是很多同学在手柄贴铁环时，出现贴不上去的现象，原因有几个：1.手推的时候无力，导致铁环滚不起来；2.推铁环太用力，人跟不上铁环，等人追上，铁环已经倒地或出现歪斜；3.手推的时候用力方向不对，导致铁环东倒西歪，根本无法去贴铁环；4.铁环滚起来后，手柄贴不上去。

第三节课，我让学生先把手柄贴在铁环后面，用手轻推铁环，然后顺势用手柄推，效果还是不明显。不过有几个男同学似乎找到了平衡的方法，开始推起来了，但是出现的问题就是人在铁环的后面追铁环，没有能力控制铁环。

虽然几节课下来，离理想的目标还有一定的差距，但是我也总结了经验，前贴铁环和后贴铁环对于初始的练习很有效，要根据学生自身来选择合适的方法。在用力方面应该是铁环倒向哪边就朝哪边用力，在多练习的基础上才能控制直线或曲线。

滚铁环看似很简单的游戏，但面对现在没有接触过铁环的学生，教授起来却不容易。

《游戏篇》课程设计（三）

课程内容：

打弹珠。

学情分析：

二年级的学生，他们好奇、好动、活泼，通过一年级的学习掌握了一点课堂常规的知识，但是绝大多数学生常规掌握得并不好。他们的自制力较弱，运动技能水平也比较低。因此，在教学中要结合学生的这些特点，利用游戏、语言激励、比赛、展示等方法不断鼓励学生进步。

课程设计理念：

下课时我发现小朋友们最喜欢玩游戏了，有玩折纸飞机、打纸板、跳皮筋、摔纸面包的，可有些孩子却热衷于打游戏机里的游戏，甚至上课也想打，这不但影响学习，也会影响身体的健康成长。为了让每个孩子都能在课堂上认真学习，在课间快乐游戏与健康成长，了解祖国传统体育游戏活动的有趣性，培养孩子的合作意识和提高孩子的合作能力，我就设计了这次活动。本课时融合了道德与法治课学生安全意识、诚实守信等内容，将语文、体育、道德与法治等课进行了融合。

课程目标：

1. 体会传统游戏打弹珠的有趣性，探索多种玩法。

2. 体验与同伴玩游戏带来的快乐，从而健康生活。

3. 把数学知识融入游戏中，让学生在锻炼身心的同时，巩固所学知识。

4. 培养学生的合作意识，和别人快乐交往。

教学过程：

一、导入

总结中国比较常见的传统小游戏——跳房子、跳皮筋、扔沙包等，引出打弹珠游戏。

二、展板展示打弹珠游戏的规则

1. 在地上画一个圆圈，参加者每人出几粒弹珠放到框内。另外，每个人还各自拿出一个容易分辨的弹珠当作母弹。

2. 在距离圆圈约三米的地方画一条直线，大家一起把母弹往线的方向抛去，愈靠近线又不超过线者为最优秀并决定每人打弹珠的顺序。

3. 站在直线后方，将自己的母弹向圆圈中的弹珠弹去。如果都没有将圈内弹珠打出圈外，就换下一个人玩，而且自己的母弹不能拿走。下次轮到自己时，再从自己上一次弹珠落点继续打。

4. 如果击中别人的母弹或将圆圈中的弹珠击出圈外，弹珠就属于击中者所有；但是母弹千万不能停留在圆圈中，否则将丧失继续打的资格，而且还要将之前所有击出获得的弹珠全数吐出来，但是他却有权利把圆圈内的弹珠重新排列位置。

5. 曾经击出圆圈内弹珠的人才有资格攻击别人的母弹，如果打中他人的母弹不只可以吃下对方母弹，而且还可以赢得对方在这局里获得的所有弹珠。但是，还未曾吃得圆圈中弹珠的人击中了他人母弹，那么，被击中者必须把自己曾经获得的弹珠全部放回圆圈中，不过仍然可以继续参加游戏。

三、教师示范游戏

教师示范游戏时，学生需要认真听、仔细看，这样才能更好地掌握动作要领。

四、分组练习，挑出优秀小组进行展示

分组练习时，教师深入小组，进行现场指导。选出优秀小组进行展示并分享经验。

五、分组练习，教师巡回指导

在分组练习时，注重全体学生的技能提升，也要渗透诚实守信等教育，让学生懂得规则意识。

六、升华提高

进行对抗比赛加深学生玩游戏的积极性，可以设置简单的奖惩办法

课程实施感悟

课中无小事

1. 发现问题一：孩子们耍赖皮，不遵守游戏规则。有的孩子甚至与同伴吵嘴了！

教育孩子：要做诚实守信的人，团结友爱的人。不能不守规则。当然知错就改也是好孩子。(继续玩游戏)

2. 发现问题二：孩子们玩游戏时虽然兴趣浓厚，但是缺乏耐心，不能认真思考找到其中的技巧。(引导孩子们握好弹珠，从最适合自己的姿势去打，瞄准目标，耐心准确地打好每个弹珠)

培养孩子的合作意识，分组进行游戏比赛，设立鼓励性的小奖品，学生一下子充满了激情！

3. 发现问题三：孩子们慢慢掌握了游戏技巧，打得越来越好了。吸引了其他同学也来玩。(我及时表扬他们：你们都是又聪明又可爱的孩子，也是团结友爱、积极进取的孩子!)

4. 在孩子们做游戏过程中教师要加以引导，在和孩子们分享快乐的同时，解答孩子们的一些疑惑，解决孩子们的一些问题，促进孩子们综合能力的发展。

《游戏篇》课程设计（四）

课程内容：

打陀螺。

学情分析：

二年级的学生，他们好奇、好动、活泼，通过一年级的学习掌握了一点课堂常规的知识，但是绝大多数学生常规掌握得不好。他们自制力较弱，运动技能水平也比较低。因此，在教学中要结合学生的这些特点，利用游戏、语言激励、比赛、展示等方法不断鼓励学生进步。

课程设计理念：

打陀螺是我国民间长期流传的一种体育活动，也是儿童最喜爱的活动之一。打陀螺对发展力量和协调性具有积极意义，本节课让学生初步掌握打陀螺的基本技巧和方法。学会一人打多个陀螺的方法，引发学生对传统体育活动的热爱，培养学生的活动兴趣。根据传统体育活动打陀螺引出课程内容，在上课时运用游戏和比赛的方法引导学生进行合作学习。以教学器材引发学生的想象，激发学生兴趣，在教学过程中以语言引导学生，从而进一步完成本课目标。本课时融合了道德与法治课学生安全意识培养、诚实守信等内容，将语文、体育、道德与法治等课进行了融合。

课程目标：

1. 在玩中，学生了解陀螺发展的历史和传统的玩法。

2. 学生进行力量、灵敏等身体素质练习，提高身体协调能力。

3. 把数学、美术等知识融入游戏中，让学生在锻炼身心的同时，巩固所学知识。

4．在玩中锻炼学生身体，培养学生动脑思考、动手操作的能力。

教学过程：

一、教师引导

1．讲解打陀螺的动作要领。水平法：弯身从身后翻转手腕，将陀螺往前抛再往后一拉，陀螺就会沿着地面水平方向向前旋转。垂直法：将陀螺从头顶用力往地下甩，陀螺就会从天而降旋转不停。

2．分组练习，巡回指导。

3．集合展示，指出存在的问题并纠正。

4．继续分组练习。

二、交流汇报

1．你都是怎么玩的，展示给大家看。

2．大家评选出玩得最好的人，展示。

3．你还能怎么玩？（几个人玩同一个陀螺、一个人同时玩几个陀螺……）

三、总结指导

1．教师根据学生练习情况进行系统指导，并示范动作要领。

2．学生模仿练习。

四、打陀螺游戏比赛

1．比一比，看谁玩得时间最长；

2．看谁的陀螺玩得最有意思；

3．老师介绍一种玩法：看谁的陀螺最听话？

方法：在地面上画一个直径120cm～150cm的圆圈，中央再画一个小圆圈，然后每人轮流往圈子里打。

A. 使陀螺能进入小圆圈内者胜。

B. 能把别人的陀螺撞出来的算胜。

五、布置家庭作业

自制一些小陀螺，涂上颜色，比一比。

课程实施感悟

让传统游戏传承下去

打陀螺是一项历史悠久的全民健身类游戏项目，基于它有趣、活动范围大、容易开展等因素，我在本校开展了第一个传统类社团——飞转陀螺社团。开始时训练方法比较单一，学生的兴趣保鲜度不高，搬到课堂亦是如此。如何让此项目传承下去，如何提高孩子们的积极性和调动他们的兴趣是重中之重。

中小型及大型陀螺的玩法，必须先缠身。右手将绳头圈过陀螺，用左手压住，再用右手沿钉向外绕绳，要缠满陀身，再双手搬起陀螺，往地上掷去，同时迅速用力抽回绳子，使陀螺在地上旋转起来。这是基本玩法。为了更好地带动孩子们玩，我查阅资料发现了以下几种玩法：

第一种叫作分边法，是将参加的人分成两组，然后大家一起打陀螺，看看哪一组的陀螺先倒在地上。会打的人，陀螺就会在地上旋转得比较久。不会打的人，陀螺很容易在地上乱滚，或是转得不久。倒在地上的陀螺，就称为"死陀螺"，只有任由对方处置了。输的这一方，为了避免自己心爱的陀螺被对方"宰",可以用一个小而硬的陀螺来代替。这时,赢的一方用自己的陀螺,高举过头,对准目标,向下猛击。

第二种是画圈法,在地上画一个圆圈,圆圈的中央,再画一个小圆圈,各人轮流将自己的陀螺往圈子里打,使陀螺能旋转出来。如陀螺已固定在一点上旋转,这时,可用绳子将它圈出来,只要到达圈外还在旋转,都不算"死"。如果陀螺停止在圈内,或一打下去就不动了,都算"死"了,要放在当中小圆圈内,任别人处罚。若处罚别人的陀螺也停在圈内,照样要放在小圆圈内,任人处罚。如果陀螺没有被击倒,或是被击倒而没有被分解,可以拿出一个陀螺,用水平打法,将自己那个小圆圈内待"死"的陀螺击出圈外。

有了好的玩法就要实施下去,希望可以让更多的孩子喜欢,可以带动他们把传统项目传承下去。

《游戏篇》课程设计(五)

课程内容:

学习"老鹰捉小鸡"游戏。

学情分析:

"老鹰捉小鸡"是孩子们非常爱玩的游戏,活动量大,比较刺激,但是对于和这个游戏有关的知识、规则以及怎样分组才合理,孩子们并不是很清楚。

课程设计理念:

虽然"老鹰捉小鸡"是一种以活动为主的课程,但是从知识的角度来说,学生还需要了解更多活动背后的知识,并且我们还要培养学生用"科学思维"去玩的意识,不能盲目地去玩。本课时融合了道德与法治课学生安全意识、团队意识、诚实守信等内容,将语文、体育、道德与法治等学科进行融合。

课程目标:

1. 了解"老鹰捉小鸡"这个游戏的由来及规则,为实施游戏做准备。

2. 用数学课上学到的分组方法进行分工,培养学生的数学思维。

3. 活动之前有计划、有分工,培养学生的团体合作意识。

课程评价实施:

根据课堂上学生回答问题及在小组合作中的表现来进行评价。

教学过程:

一、导入

同学们喜欢玩游戏吗?平时都玩些什么游戏?会玩"老鹰捉小鸡"这个游戏吗?你们是怎么玩的?

二、了解"老鹰捉小鸡"的知识,介绍游戏规则

(一)什么是"老鹰捉小鸡"?

老鹰捉小鸡,俗称"黄鹞吃鸡",又叫"黄鼠狼吃鸡",是一种多人参加的益智娱乐游戏,在户外或有一定空间的室内进行。这种游戏,对发展学生灵敏性和协调能力,培养学生合作练习、合作意识有一定的促进作用。

游戏开始前先分角色,即一人当母鸡,一人当老鹰,其余的当小鸡。小鸡依次在母鸡后牵着衣襟排成一队,老鹰站在母鸡对面,做捉小鸡姿势。游戏开始时,老鹰叫着做赶鸡动作。母鸡身后的小鸡做惊恐状,母鸡极力保护身后的小鸡。老鹰再叫着转着圈去捉小鸡,众小鸡则在母鸡身后左躲

右闪。

(二) 介绍游戏规则

以猜拳定出老鹰、母鸡、小鸡，母鸡后面依次是小鸡，老鹰不许推母鸡，只能跑动避开母鸡，抓到母鸡后面第三个以后的小鸡，即为一次游戏结束。母鸡可以抓、拽、推、抱老鹰，张开双臂跑，尽量挡住老鹰。母鸡在拦的同时，可以大声喊着老鹰从哪边过来了等话语，告诉自己身后的小鸡们。为防止老鹰的捕捉，母鸡的身体可以左右移动，在母鸡身体左右移动的同时，母鸡身后的小鸡们也随着以相同方向来移动，万一老鹰突破了母鸡的防线，快要抓住最后面的小鸡时，小鸡立即蹲下，双手捂住耳朵，这样老鹰得重新站在母鸡的前面，游戏就不得不重新开始。小鸡依次抓住母鸡或前面小鸡的衣服，跑动避开老鹰的抓捕。如小鸡散开，即为一次游戏结束。下一次开始时，被抓住或散开的小鸡做老鹰，排尾的小鸡做母鸡，原来的老鹰排在母鸡后，原排尾倒数第二的小鸡排在原老鹰之后。

三、了解其他地方类似"老鹰捉小鸡"的游戏

新疆柯尔克孜族的"老鹰吃仙鹤"游戏和"老鹰捉小鸡"游戏类似。"老鹰吃仙鹤"由一人扮老鹰，一人扮母仙鹤，余者为小鹤。老鹰捉仙鹤时，众仙鹤围绕母仙鹤转，受其保护，此游戏气氛活跃紧张，生动有趣。

"老鹳叼小鸡"是满族儿童喜爱的一种游戏。参加游戏的儿童，一人扮作"老鹳子"，一人扮作老抱子（母鸡），其余的排成一队，扯着后衣襟躲在老抱子后面。老鹳子左右扑捉老抱子保护的小鸡，一边玩，一边互相问答。老鹳子每抓到一个小鸡，便让其背着走一段，然后"吃掉"。依次抓扑，直至叼完为止。

此外还有山东民间的"马虎叼羊"、青海土族的"抓羊"、广西民间的

"狼吃小羊"、台湾民间的"围虎陷"和流行于山东成武一带的"杀羊羔"等。

四、分组，为游戏做准备

（一）以班级为单位，平均分为4组，该怎么分？

以小组为单位，每组推选出一名组长、一名鸡妈妈和一名老鹰。

组长负责组织自己小组的纪律。

（二）分享各小组推选组长、鸡妈妈、老鹰的方法。

组长：选择大家比较喜欢的、有组织能力的、爱帮助别人的人。

鸡妈妈和老鹰：选择身材高大、壮实、机灵的人。

五、初次体验，总结问题，下次改进

（一）教师引导："做老鹰的小朋友要想一想怎样才能又快又安全地抓到小鸡，而小鸡要想一想怎样才能不被老鹰抓住，比一比到底是老鹰的本领大还是小鸡的本领大。"

（二）划定活动场地，让学生自由练习，教师观察学生的活动状况。

（三）总结出现的问题。

老鹰抓不到小鸡、有些中间的小鸡一遇到危险就松手……

（四）找出解决问题的办法，商讨改进措施。

六、结束活动，放松身体，期待下次表现

1. 今天，小朋友们都做得很棒，我真为你们高兴。教师简单总结，表扬孩子们的表现。

2. 听——"你听到了什么？"（舒缓动作）坐下互相捶捶腿，放松自己。

3. 我们今天学习了"老鹰捉小鸡"的相关知识，并初次尝试了这项游戏，知道了怎么进行游戏，但是在玩的过程中也出现了一些问题。在下节课，我们解决问题，再次尝试，希望把这个游戏进行得更精彩！

课程实施掠影

课程实施感悟

做游戏也需要智慧

游戏小规则：在所有同学中选出一个扮演老鹰，在其他人中选一个年龄最大的当母鸡，剩下的当小鸡。老鹰每次只能捉队伍当中最后一个小鸡，只要小鸡蹲下来，老鹰就不能捉了。但是小鸡们最多只能蹲十秒钟，每一回合只能蹲五次，所以老鹰还是不容易捉到小鸡的。最后一个小鸡总是吓得提心吊胆，魂飞魄散。

游戏开始了，白天宇扮演老鹰，吴莫林扮演母鸡，我和别的同学扮演小鸡。只见白天宇眼疾手快，左晃一下，右晃一下，盯住了最后的那只小鸡，然后飞快地绕过母鸡，用箭一般的速度把最后一只小鸡"叼"走了。第二次，老鹰先假装跑来跑去，盘算着怎样才能把小鸡捉到手。突然，老鹰猛地扑了过去，把倒数第二只小鸡也捉住了。老鹰实在太厉害了，一连捉了两只小鸡。这次轮到我是老鹰的目标了。狡猾的老鹰先逗留了两圈，然后从母鸡的手臂下钻了过去，我见母鸡没拦住老鹰，就慌了神儿。我连忙示意老母鸡快速蹲下来，小鸡们也跟着蹲了下来。这次，老鹰终于失利了，没有捉到我。最后，老鹰费尽了所有力气，一共捉到了两只小鸡。

　　通过这次比赛，我告诉学生一个道理：做任何事只要肯动脑筋，随机应变，才能做好每一件事情。

《游戏篇》课程设计（六）

课程内容：

　　老鹰捉小鸡。

学情分析：

　　二年级的学生，他们好奇、好动、活泼，通过一年级的学习掌握了一点课堂常规的知识，但是绝大多数学生常规掌握得不好。他们的自制力较弱，运动技能水平也比较低。因此，在教学中要结合学生的这些特点，利用游戏、语言激励、比赛、展示等方法不断鼓励学生进步。

课程设计理念：

　　下课时我发现小朋友们最喜欢玩游戏了，有玩折纸飞机、打纸板、跳皮筋、摔纸面包的，可有些孩子却热衷于打游戏机里的游戏，甚至上课也想打，这不但影响学习，也会影响身体的健康。为了让每个孩子都能在课堂上认真学习，在课间快乐游戏与健康成长，了解我国传统民间体育游戏活动的有趣性，培养孩子的合作意识和提高孩子的合作能力，我设计了这次活动。本课时融合了道德与法治课学生安全意识、团队意识、诚实守信等内容，将语文、体育、道德与法治等课进行了融合。

课程教学目标：

1. 体验与同伴做游戏带来的快乐，从而健康生活。

2. 把音乐知识融入游戏中，让学生在锻炼身心的同时，巩固所学知识。

3. 培养学生的合作意识，和别人快乐交往。

课程评价实施：

根据学生歌曲的演唱和活动中的表现进行评价。

教学过程：

一、导入

同学们，上节课我们学习了"老鹰捉小鸡"的知识，掌握了游戏规则，并且进行了初步尝试，那么，在这节课上，我们继续来学习这个传统游戏——老鹰捉小鸡。

二、学习歌曲《老鹰捉小鸡》，增强活动的趣味性

同学们，不仅游戏有"老鹰捉小鸡"，还有一首《老鹰捉小鸡》的儿童歌曲呢！你们想不想听？

（一）出示歌词并学唱

老鹰抓小鸡，老鹰抓小鸡，

哎哟哟，

老鹰跑东又跑西。

小鸡跟着母鸡跑呀,

哎哟哟,哎哟哟,

躲过来又躲过去,

躲呀躲过去,

哎哟哎哟哟!

老鹰抓小鸡,

老鹰抓小鸡,

哈哈哈,

老鹰累得直喘气。

老鹰抓鸡抓不着呀,

哈哈哈,哈哈哈,

小鸡团结得胜利呀得胜利,

哈哈哈,哈哈哈!

老鹰抓小鸡,老鹰抓小鸡,

哎哟哟,

老鹰跑东又跑西。

小鸡跟着母鸡跑呀,

哎哟哟,哎哟哟,

躲过来又躲过去,

躲呀躲过去,

哎哟哎哟哟!

老鹰抓小鸡,

老鹰抓小鸡,

哈哈哈,

老鹰累得直喘气。

老鹰抓鸡抓不着呀,

哈哈哈,哈哈哈,

小鸡团结得胜利呀得胜利。

哈哈哈,哈哈哈!

老鹰抓小鸡,老鹰抓小鸡,

哎哟哟,

老鹰跑东又跑西。

小鸡跟着母鸡跑呀,

哎哟哟,哎哟哟,

躲过来又躲过去,

躲呀躲过去,

哎哟哎哟哟!

老鹰抓小鸡,

老鹰抓小鸡,

哈哈哈,

老鹰累得直喘气。

老鹰抓鸡抓不着呀,

哈哈哈,哈哈哈,

小鸡团结得胜利呀得胜利,

哈哈哈,哈哈哈!

(二）请学生单独唱，最后集体唱

三、开始游戏，发展能力，体验乐趣

（一）第一次游戏：回顾上节课的游戏玩法与注意事项

玩法：如果遇见老鹰或听到老鹰音乐时我们要快速团结在一起，快点躲在母鸡的后面。后面的小鸡要抓紧前面小鸡的衣服，老鹰要绕过母鸡到后面去捉小鸡，母鸡要张开翅膀保护小鸡。如果被老鹰拍到或捉到就暂时离场，直到音乐结束。

注意事项：引导学生了解游戏玩法与规则，懂得躲闪不被老鹰捉住。提醒孩子抓紧前面小朋友的衣服不要掉队，不要互相推挤，懂得避让，不要被老鹰抓住，注意安全。

评价重点：是否能初步按游戏规则进行游戏？

（二）第二次游戏：尝试游戏新玩法，了解游戏新玩法与注意事项

玩法：（老师当老鹰，请另外一个老师当母鸡）当听到老鹰的音乐时，小鸡马上变成老鹰不爱吃的东西，一动不动，直到母鸡找食物回来，母鸡喊："宝宝们，快躲到妈妈身后来。"小鸡们才能马上躲在妈妈后面，一个跟一个搭肩，直到音乐停止，游戏结束。

注意事项：了解游戏新玩法与规则，引导学生思考小鸡怎样躲闪变成老鹰不爱吃的东西，一动不动，不被老鹰捉住；游戏时应该遵守游戏规则，不推不挤，注意安全。

（三）第三次游戏：角色转换，多次感受。将老鹰、母鸡、小鸡的角色转换，体验不同角色带来的乐趣。

四、分享感受

通过这两节"老鹰捉小鸡"的主题活动，你有什么感受？

团结力量大！要灵活一些！一定要注意安全！

五、总结

小鸡们，今天你们表现得真勇敢，也很能干。老鹰也很厉害，捉到了很多小鸡，母鸡要加油啊，得把鸡宝宝看好了，不然会被老鹰叼走的。今天的游戏好玩吗？在以后的课间，你们就可以和朋友一起再玩这个游戏，体会游戏中的团结精神！不过，一定要注意安全哦！

课程实施感悟

试试就能行

在角色转换这一环节，从小鸡变为老鹰的王奕涵却迟迟不动，像很委屈似的低着头。我问他怎么了？他说："老师，我不想玩'老鹰捉小鸡'这个游戏了。""为什么？"我急忙问道。王奕涵仰着小脸，伤心地说："我当老鹰，一次次都捉不到小鸡，小鸡们都不怕我了！"

我决定帮助王奕涵，教他做只勇敢、厉害的老鹰！王奕涵，想想你为什么会一次次捉不到小鸡。让他先自己找原因，是否是因为个子过矮，跑的速度过慢、转身的灵敏性不够，不会声东击西、麻痹母鸡，等等。然后，我又对王奕涵说："老鹰家族的孩子，都是勇敢的、厉害的，要有过硬的本领才行啊！我是一只老鹰，让我教给你捉小鸡的本领，好吗？你可要用心学习啊！"为了让王奕涵掌握方法，我示范给他看。我扮作一只老鹰，给他一个学习的机会，让他仔细观察，学习技巧，学到捉小鸡的诀窍！最后我鼓励他重新加入游戏，在游戏中指导他运用技巧！王奕涵在掌握要领之后，经过多次练习终于抓到了小鸡，自己也开心地笑了起来。

  这次活动孩子们积极投入、兴趣高涨，完全沉浸在自己所扮演的角色中，表现出自主探索、乐意合作和挑战自我的精神。这个游戏锻炼了学生快速奔跑的本领，让学生学会了躲闪，还培养了学生的游戏规则意识和安全意识。

版块二：传统课程之生活中的1000

《生活中的1000》课程设计

课程内容：

生活中的1000。

学情分析：

学生在一年级的时候已经学习了100以内的数，为认识、感知1000奠定了扎实的基础。在美术课上，二年级学生已经具备了简单事物的绘画能力，并能够进行合理的色彩搭配。

课程设计理念：

数学中的1000是从生活中抽象出来的。在生活中到处都可以找到1000的踪迹。为了让学生能够更深刻地感知1000，本节课让学生自己去寻找生活中的1000，用彩笔画出来，和同学交流分享。

课程教学目标：

1. 寻找生活中的1000，感受数学与生活的联系。

2. 在找一找、画一画、说一说中培养学生的数感。

3. 在绘画的过程中培养学生的美术素养。

4. 在与同桌的交流分享中锻炼学生的美术欣赏能力和语言表达能力。

课程评价实施：

1. 学生的课堂表现，包括纪律、课堂发言等。

2. 学生作品"生活中的1000"展示分享。

教学过程：

一、导入

我们已经认识了大数1000，你们还记得数学上是怎么表示1000的吗？

(学生自由回答，回忆1000在数学中的表示方法。)

可以用计数器。

可以用正方体。

可以用小棒。

…………

1000不仅在数学中出现，而且在生活中的很多地方都有1000的踪影，你们发现了吗？

二、生活中的1000

(一) 找一找生活中的1000

学生每四人为一小组相互交流，说一说在生活中的哪些地方发现了1000的踪影。

十张100元就是1000元。

一大包A4纸有500张，两包A4纸就是1000张。

一本英语书大约有50页，20本英语书摞在一起大约就是1000页。

一盒有100颗糖果，十盒是1000颗。

…………

总结：大家都有一双善于发现的眼睛，发现生活中处处有1000，处处有数学,看来数学是和生活密不可分的。

(二)画一画生活中的1000

我们用善于发现的眼睛在生活中找到了1000,那你能用灵巧的小手把它们画下来吗?

老师为每个学生发放一张A4纸。

学生自由设计,安排布局,选择自己喜欢的方式进行绘画。

(三)说一说生活中的1000

在学生完成自己的设计作品"生活中的1000"后,和同学们分享自己的发现。一方面看看谁发现得多,发现得与众不同;另一方面看看谁画得更形象、更漂亮。

三、课堂小结

通过这节课的学习,我们对1000有了更深刻的认识。在找一找、画一画、说一说三个环节中,你学到了什么?有哪些收获?

课程实施掠影

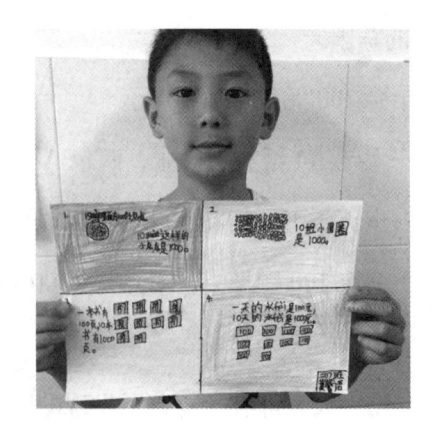

课程实施感悟

不一样的1000

认识1000是二年级数学下册的重点内容。在数学课上，学生对1000已经有了初步的认识。但是，学生在数学课上学到的1000是抽象的，是一个冷冰冰的数字。学生在通过数学学习后，可能还是无法准确地感知到1000到底有多大。因此，为了让学生感受生活中的1000，体验生活中的数学，就设计了此次主题课程：生活中的1000。

在上课之初，学生并没有从数学的情境中脱离出来。我在问他们"你在生活中哪些地方发现了1000的踪影"的时候，许多学生满脸茫然，不知道从哪里入手来回答这个问题。这个时候我意识到，学生对1000的认识是不够深刻的。于是，我为他们进行了一个示范：比如说十张100元就是1000元；比如说一本英语书大约有50页，20本英语书摞在一起大约就是1000页；比如说……学生们恍然大悟，思维也渐渐活跃起来，认真思考在自己生活中存在的1000。

学生能在生活中的许多地方找到1000。但是，课程并没有结束。为了加深学生对1000的认识，丰富1000的形象，我又让学生用最喜欢的方式——画画，将他们找到的1000画下来。这样，1000就变成了一叠纸、一摞书、几盒糖果……我相信，通过找一找、画一画、说一说，1000的形象在学生的心里已经丰满起来了。通过这节课，学生认识了一个不一样的1000。

版块三：传统课程之手巧慰心灵

《认识动物》课程设计

课程内容：

认识动物。

学情分析：

本课是在认识身边常见动物的基础上，从身边的动物入题，让学生充分感受小动物的可爱，激起学生喜欢动物的情感；认识一些"千奇百怪"的动物，感受大自然的丰富多彩；通过调查研究，进一步了解一种珍稀动物的生存状况，提出我们保护性的建议。

课程设计理念：

通过让学生了解更多千奇百怪的动物，感受动物的可爱，感受大自然的丰富多彩，变化万千。

课程目标：

1. 了解身边常见的动物，感受小动物的可爱。

2. 认识一些千奇百怪的动物，感受大自然的丰富多彩。

3. 进行调查研究活动，了解一种珍稀动物的生存状况，提出我们保护性的建议。

课程评价实施：

借助学校常规指南等表格，各科教师对学生进行持之以恒的要求、训练、检查、评价。

教学过程：

一、生活中的动物

同学们，在日常生活中，你都认识并了解哪种动物？

（马、牛、羊、鸡、鸭、鹅、猫、狗、兔、蚂蚁、蟑螂、蚊子、苍蝇、骆驼、鹦鹉……）

你最喜欢的动物是什么？为什么喜欢它？

（练习说话：我喜欢……因为……）

二、千奇百怪的动物

除了这些常见的动物，在动物世界里，还有许多千奇百怪的动物，比如：长了22个触手的星鼻鼹鼠、八目鳗、眼镜猴、霍加皮、长耳跳鼠……

星鼻鼹鼠：主要分布在美国北部和加拿大地区。生活在潮湿的低地地区，以土壤中的小虫子为食。星鼻鼹鼠善于游泳和挖掘，最神奇的还是它星形的鼻子。它通过鼻子观察世界，鼻子上分布着22个触手，每个触手上覆盖着几千个细小颗粒，一次可以探查600块针尖大小的区域。中间的触手尤其灵敏，能发现身长小于半厘米的生物。星鼻并不是负责嗅闻的嗅觉系统的一部分，也不是用来捕捉食物的第三只手，而是一个无比敏感的触觉器官，其成年体长15厘米到20厘米。

八目鳗：学名七鳃鳗，是一种七鳃鳗纲的鱼。它的特点是嘴呈圆筒形，没有上下腭，口内有锋利的牙齿。八目鳗类鱼是一种奇怪的动物：它通过啃咬的方式进入动物尸体中进食，甚至可以在其中待上3天。加拿大英属哥伦比亚大学的科学家们认为八目鳗类鱼这种可怕的进食方式会因为本身产生的二氧化碳造成动物尸体中所积存的水质变酸。世界上共有30多种八目鳗，它们属于盲鳗目。最常见的大西洋八目鳗是盲鳗；太平洋八目鳗是盲鳗属。

眼镜猴：属灵长目眼镜猴科，是一种珍贵的小型猴类，是全世界已知的最小猴种。它的独特之处在于眼睛——在小小的脸庞上，长着两只圆溜溜的特别大的眼睛，眼珠的直径超过1厘米。眼镜猴是热带和亚热带茂密森林中的树栖动物，喜欢生活在茂密的次生林和灌丛中，原始森林中也有分布。主要分布于东南亚的菲律宾等地，属于濒危动物。

霍加皮：是哺乳类偶蹄目长颈鹿科。霍加皮是产于刚果的一种有趣动物，它有着长颈鹿一样的长脖子，后部长着像斑马一样的条纹。霍加皮和长颈鹿还有一个相似点，那就是它们的舌头都很长。霍加皮还能利用舌头为自己清理眼部和耳朵。研究人员指出，这种珍贵的动物在刚果国家保护区内大约有4000到6000只，而在全球也只有3万只左右。霍加皮在1901年才被西方学者发现，被列为世界十大神秘动物之一。

长耳跳鼠：2007年12月，动物保护人员发布了首次拍摄到的一种濒危啮齿动物，他们将其戏称为"沙漠里的米老鼠"。这种长耳跳鼠长着一双比脑袋还要长三分之一左右的长耳朵，而它们的腿部能让它们像袋鼠一样跳跃。长耳跳鼠大多喜欢在夜间活动，而白天则会待在地下的洞穴里。由于居住环境遭到破坏，目前长耳跳鼠已经被国际自然保护联合会列为濒危物种。

三、濒危动物

1. 了解濒危的定义

濒危——包含接近危险的境地；临近死亡、临近灭亡等多重含义。

由于人类对环保的不重视，对生态的破坏，导致许多动物濒临灭绝，这种动物叫濒危动物，如大熊猫、江豚、华南虎……我国是濒危动物分布大国。据不完全统计，仅列入《濒危野生动植物种国际贸易公约》附录的原产于中国的濒危动物有120多种（指原产地在中国的物种），列入《国家重点保护野生动物名录》的有257种，列入《中国濒危动物红皮书》的鸟类、两栖爬行类和鱼类有400种，列入各省、自治区、直辖市重点保护野生动物名录的有成百上千种。

2．介绍濒危动物

同桌相互介绍自己搜集到的一种我国的濒危动物。

3．制作动物名片

4．小结

课程实施掠影

课程实施感悟

救救濒危动物

本次主题课下课后，不少孩子对濒危动物很感兴趣。老师就及时让学生针对"濒危动物"进行深入研究。

1. 了解濒危野生动物面临的困境。例如：华南虎面临的困境、藏羚羊面临的困境……

2. 搜集材料，揭示许多动物灭绝或濒危的主要原因。

3. 濒危动物的减少或灭绝，对我们人类会有什么影响？

4. 围绕"我们能为拯救濒危动物做些什么"这一话题，讨论制定保护濒危野生动物的宣传方案。

藏羚羊外层皮毛下面被称为沙图什的绒毛异常精细，可以用来织成华丽的披肩，惊人的利润刺激了盗猎分子的欲望，使他们大肆猎杀藏羚羊，这是藏羚羊濒危的主要原因。

动物濒危的原因有：自然灾害的直接破坏；物种的自身原因；栖息地的破坏与丧失；乱捕滥杀；环境污染；等等。让学生意识到人类对动物的濒危起着决定性的作用。

野生动物的减少或灭绝，对我们人类会有什么影响？在解决这一问题时出示生物链示意图，通过学生对生物链的理解，让学生们意识到大自然中的生物链是一环扣一环的，野生动物也是大自然生物链中的一环，没有众多野生动物，就不会有和谐的自然，人类也不能很好地生存。

围绕"我们能为拯救濒危动物做些什么"这一话题，师生共同讨论制定保护濒危野生动物的宣传方案。设计的方案大致分为标语、倡议书、拍手歌等几种。孩子们准备走进餐馆、饭店、商场，用标语宣传保护濒危野生动物。如："鲜美的野味背后是猎人冰冷的枪口"，这条标语说明了保护动物的重要性，给人类敲响警钟。学生们还可以利用网络、红领巾广播站等途径向人们发出倡议，保护大自然，还濒危野生动物的家园。

积极保护濒危野生动物的情感感染了师生，大家的感情都专注到与保护野生动物相关的事物上。课堂延伸，从课内走向了课外。学生在宽松民主的氛围中，自行设计和组织活动，放飞理想，活跃思维，个性得到充分的张扬，在活动中形成了保护濒危野生动物的意识。

《小动物读书会》课程设计

课程内容：

小动物读书会。

学情分析：

二年级的学生由于识字量的提升，朗读变得游刃有余，在分角色朗读的活动中能表现出浓厚的兴趣。同时对不同的材料和美术工具的使用，已有了一定的掌握，通过感官体验各种材料、工具的特性，运用身边容易找到的各种材料，尝试简单的组合和装饰，体验设计制作活动的乐趣。

课程设计理念：

本次教学设计将美术学科设计应用内容与语文学科分角色朗读相结合，通过设计制作课文中各种小动物头饰，感受动手制作的乐趣，通过角色的分配扮演，进一步提升孩子对小动物的喜爱之情，更有感情的朗读课文，理解课文中所表达的积极健康的思想感情。

课程目标：

1. 有感情地朗读课文，感受人与自然、人与动物之间的紧密关联和深厚感情。

2. 尝试简单的组合和装饰，体验设计制作活动的乐趣。

课程评价实施：

课堂表现：认真听讲、主动参与的学生，教师会在其荣誉护照上加盖印章。

成果展示：评出"最佳朗读奖""最佳头饰制作奖"。

教学过程：

第1课时，各组先选择参加分角色朗读比赛的课文片段，分配角色，再制作小动物头饰。第2课时，分角色朗读课文比赛。

一、导入

最近一个单元的语文课上，我们学习的都是和小动物有关的课文。今天下午我们要举行一场小动物读书会，制作小动物头饰，装扮成课文里的小动物形象，进行分角色朗读活动。

二、新授

这一单元中我们学习了《谁的本领大》《蜗牛的奖杯》《狐假虎威》《猴子种树》四篇课文，我们要以小组为单位，每组选择一篇最喜欢的课文，找出文中不同的角色，根据小组同学的情况合理分配角色，并根据这一角色制作出相应的动物头饰，然后排练参赛。最后评出"最佳朗读奖""最佳头饰制作奖"。

（一）小组选择课文

小组讨论选出适合自己的课文。

（二）指导学生分角色朗读课文

1．指导学生明确角色对象（找出文中有几个角色）。

2．指导学生分清角色语言（在文中用不同的记号标出不同角色的语言并点出需要强调的词语）。

3．指导学生读活角色语言。

（1）抓句中重点词，读活角色语言。

（2）抓句末标点，读活角色语言。

（3）抓语言前的提示词，读活角色语言。

（4）形式多样，读活角色语言。

（三）学习头饰制作的方法与步骤

1．绘制小动物头像。

2．制作大小合适的头圈。

（四）小组分工

1．讨论分工确定画头饰人员，剪贴人员，朗读者。

2．确定旁白及角色分配。

三、实践操作

（一）学生制作相应的动物头饰

（二）学生练习朗读课文中各自所扮演角色的片段

四、分角色朗读课文比赛

各组小组长抽签决定比赛顺序，各组依次表演。

五、评选

投票评出"最佳朗读奖""最佳头饰制作奖"。

六、课堂小结

今天我们的小动物读书会活动，你们玩得开心吗？今天大家都表现得非常好，同学们各展所长，合理分工，成功地完成了制作头饰和分角色朗读表演的活动，老师真为你们感到高兴。

课程实施掠影

课程实施感悟

爱心陪伴你成长

在《小动物读书会》这节课上,孩子们的积极性可高了!大家都争先恐后地发表自己的见解,忙着为自己所在的小组挑选最棒的课文,一丝不苟地分配着角色,课堂气氛很活跃。"江老师,我们不想让他参加!他什么都不会!"一个女孩儿刺耳的声音响起之后,教室里一下子静了下来,孩子们都纷纷扭过头去,谴责那个说话的女孩子,而那个被指责的小男孩儿则一声不吭地又趴回自己的课桌上,再也不肯抬起头来。

这个小男孩儿是个特别的孩子,因为平日里反应较慢以及性格有些内向,平时美术课上他总是缩在自己的一方世界里默默地在他的图画本上画啊画啊,几乎不与人交流。今天的读书会活动他应该是比较感兴趣的,难得扬起了小脸,认真地听着小组同学的讨论。可是到了分配任务的环节,有同学不愿意相信他,真是让人头疼!

小姑娘显然感受到了来自四面八方的不悦,也为自己的口无遮拦懊恼不已,张张嘴,却不知该怎样弥补自己的过失,只好眼巴巴地看着我,眼睛里充满了懊悔和歉意。看来,最终还得我这个老师来收场。

我从小男孩儿的书桌上拿起他的图画本,一页一页地翻给孩子们看,虽然不够优秀,却也足够认真,一课不落地全部完成。当我再次开口问大家是不是可以给这样认真的同学一点儿鼓励时,教室里瞬间响起热烈的掌声。

在我的建议下，小男孩儿得到了装饰头饰头箍的任务，和大家一起开开心心地为小动物读书会做准备！

《重复的奥秘》课程设计

课程内容：

重复的奥秘。

学情分析：

二年级的孩子经过了一年多的学习，已初步形成独立思考和探索问题的意识。对数学和美术都产生了比较浓厚的兴趣，为本学期的学习打下了良好的基础。能通过感官体验各种材料、工具的特性，观察探究事物规律的能力也有所提升。能够较好地运用身边容易找到的各种材料，尝试简单地组合和装饰，体验设计制作活动的乐趣。

课程设计理念：

本次教学设计将美术设计应用内容与数学相结合，通过观察发现节节虫的重复规律，探究了解数学世界中关于重复现象的奥秘，启发学生巧妙利用各种废旧材料进行制作，让学生发现生活中可再利用的废旧物品，在制作过程中培养学生的环保意识和热爱生活、观察生活的习惯。

课程目标：

1. 观察节节虫，了解重复的含义。
2. 尝试简单的组合和装饰，体验设计制作活动的乐趣。

课程评价实施：

评出"最佳制作奖"。

教学过程：

一、导入

出示、欣赏节节虫图片，板书课题——节节虫。

二、新授

(一) 节节虫的结构特点

1．谁知道为什么这些可爱的虫子会被称作节节虫?

2．节节虫的主要结构：头部、身体、尾巴。

3．身体部分重复。

(二) 重复的规律

1．谁来说一说它的身体部分是怎样重复出现的?

2．我们把每一节看作一组，重复几次就是重复几组? 以一组为单位，完全相同的重复就是节节虫重复排列的规律……

(三) 了解生活中的重复现象

其实重复的规律在我们生活中是非常常见的，我们一起来看看。(欣赏图片)

(1) 课件出示："生活中存在很多'重复'现象。"

今天是星期六，7 天以后又是星期六。

音乐课上，我们打的节拍。

一年由春夏秋冬四季组成，年年循环往复。

生肖是按照鼠、牛、虎、兔……这样每 12 年重复一次。

(2) 自己举例子。

像这样重复的现象，你还能再举一些例子吗?

（四）规律启示

聪明的人们也从中受到许多启示，把这些规律运用到我们的生活中，创造出更加美好的生活。请欣赏规律的美。

（五）制作节节虫

1．欣赏作品

（1）作品是利用什么材料制作的？

（2）哪些地方有创新表现？

2．作业要求

（1）利用废旧材料设计和制作一个富有想象力的节节虫。

（2）采取合作或个人完成的形式。

三、学生实践

教师辅导要点：设计构思新颖；灵活巧妙使用材料；制作精美细致。

四、组织展示作品，参观作品，讲评作品

五、课堂小结

今天我们通过观察节节虫身体的重复现象，知道了什么是重复的规律。并且把这些规律运用到了我们的手工制作中，巧妙利用各种废旧材料制作了一条条有规律的漂亮的节节虫。大家都是心灵手巧的好孩子！

课程实施掠影

课程实施感悟

你能行

经过一番热闹的发言之后，孩子们渐渐安静下来，急着要把自己的想法表现出来。瞧着他们认真的样子，我悄悄喘了口气。今天的课他们很开心，每个人心里都喜滋滋的……

"老师！"一个孩子挥动着手里制作节节虫的一次性纸杯，对着我仰起了稚嫩的小脸："我不会做！"

"还没做怎么能说不会呢？""我就是不会，我做不成！"他瞪着一双大眼睛理直气壮地回答我。瞧他的样子，应该是个蛮聪明的孩子，却不知道他到底为什么不肯动手。

"老师，他啥也不会！""老师，他老打人！""他画画最难看……"周围同他熟识的孩子开始七嘴八舌地向我汇报。我赶快把手指放在唇边，做了个"安静"的手势阻止他们再说下去。

小男孩儿的嘴唇已经嘟了起来，看来他是个在小朋友中间不太受欢迎的孩子，别人都认为他这也不好那也不好，极大地伤害了他的自尊心。受别人批评的影响，孩子对自己缺乏自信，在他受到挫折时，我们应当表明观点，给予鼓励，让孩子走出自卑的境地。

轻轻拍拍他，让他往边挪了挪，我和他挤坐在一张板凳上。我用很小的声音对他说："我才不信你什么都不会呢！告诉我，你都会点什么？"他仰起脸看看我，也用很小的声音说："我会玩电脑！""真的吗？""我还会用扫描仪哩！"他挺自豪地加大了声音，我连忙拉了拉他的衣服，示意他小点儿声。并用很惊讶的口气说："真的吗？你真能干！"他不好意思地笑了。

跟他聊了聊才知道，他想用一次性纸杯做节节虫重复的身体，也像老师一样在节与节之间用卡纸做出了间隔用的圆片，可是他把间隔的圆片做得比纸杯口还小，整个都掉进了纸杯里，于是所有的纸杯都摞在了一起，这个急躁的小家伙就不知道该如何是好了。

我找了一个别的孩子同样是用纸杯制作的节节虫，让他自己找一找差别在哪里，并给他示范了如何快速剪出所有隔片的方法，再看他，眼睛里全是恍然大悟的笑意。

当他来交作业时，还送给我一张粉红色的剪成小花的小纸片。我在他的虫头上面为他画了三颗五角星，并且告诉他："我就知道你能行！"他高兴极了！

《长方形与正方形》课程设计

课程内容：

长方形与正方形。

学情分析：

孩子经过一年多的学习，初步形成独立思考和探索问题的意识。对数学和美术都产生了比较浓厚的兴趣，为本学期的学习打下了良好的基础。二年级学生直观形象思维占优势，喜欢动手操作，对于色彩鲜艳、动感强烈的事物易感兴趣。能通过感官体验各种材料、工具的特性，观察探究事物规律的能力也有所提升。能够较好地运用身边容易找到的各种材料，尝试简单的组合和装饰，体验设计制作活动的乐趣。

课程设计理念：

本次教学设计将美术设计应用内容与数学认识长方形和正方形相融合，通过观察了解长方形和正方形的特征，对长方形的长、宽有初步的认知。教师引导学生建立长、宽的概念，探究了解数学世界中关于图形的秘密。启发学生巧妙利用各种废旧的表面是长方形、正方形的纸盒进行制作，让学生发现生活中可再利用的废旧物品，在制作过程中培养学生的环保意识和热爱生活、观察生活的习惯。

课程目标：

1. 观察正方形和长方形，初步了解平面图形与立体形体的关系。

2. 尝试用简单的纸盒进行组合与装饰，体验设计制作活动的乐趣。

课程评价实施：

课堂表现：认真听讲、主动参与在荣誉护照上加盖印章。

成果展示：评出"最佳制作奖"。

教学过程：

一、导入

（一）分别出示表面是长方体与正方体的纸盒。

（二）比照纸盒的一个面在黑板上画出相应的长方形与正方形，初步感受平面图形与立体形体的关联。

二、新授

（一）试一试，探究长方形与正方形的特征。

长方形：四个角都是直角（90°），对边相等。

正方形：四个角都是直角（90°），四条边相等。

（二）长方形与正方形的关联

把长方形的两条长边变成跟两条短边一样长，就得到了一个正方形。

（三）生活中的长方形和正方形

1．寻找教室里有哪些物体的表面是由长方形或正方形组成的。

2．欣赏课件中表面是长方形或正方形的家具图片。

3．出示用纸盒制作的家具模型（药盒写字台、纸盒椅子、牙膏盒沙发等），激发学生创作的兴趣。

（四）微课示范纸盒变家具的制作方法

挖、刻、折、剪、装饰粘贴、插、组合。

（五）分小组研究创作

1．请各小组选择一套家具，全组分工合作完成。

2．小组研究讨论：分别说说家具各部分的形状？选择适合的纸盒，想想用什么方法制作家具？展示图片并提出问题：你还能想出和图片作者不一样的制作方法吗？

3．学生讨论交流。

4．你认为制作纸盒家具都应该注意什么？

5．欣赏纸盒家具的各式作品，例如椅子的多种制作方法。

(六) 作业要求

各小组制作出一套造型新颖、漂亮的家具，并将它们布置在你们的"新家"中。

三、学生实践

学生独立进行制作。

四、展评

全班展览，互动交流，为最好的作品投票，评选出"集体奖"和"最优家具设计奖"。

五、拓展

今天我们进一步了解了平面图形正方形和长方形，并且学会了利用废弃的表面是正方形和长方形的立体纸盒制作可爱的小家具，变废为宝，装饰我们的生活，大家都有一双善于发现美的眼睛和一双能够创造美的巧手！

课程实施掠影

课程实施感悟

寻找创作的源泉

人的想象力是一种创造性思维的活动。想象是以过去的经验、过去的事和记忆中的事为材料,经过加工、改造而创造出新的意象,包括联想、幻想、理想、梦想等。想象的内容可以是现实生活中已有的,也可以是世界上根本就不存在的。

我在教二年级融合课程"长方形与正方形"一课时,发现绝大多数学生都是在机械地复制微课中我做的范作,有人在下面小声地自言自语:"我不做了!"还有人干脆一脸茫然地坐着发呆。我感到很奇怪,明明刚才还一个个兴趣盎然,举着手,争先恐后地告诉我自己见过什么样的桌子椅子柜子呢。于是,我把一个原先要做柜子的小姑娘找来,问她为什么不做了。她指着自己剪得歪歪扭扭的纸盒子说,不知道柜子门什么样,最后她干脆说:"江老师,要不你帮我剪剪吧!"这时,我才突然领悟:创作源于生活!没有生活中的接触与观察,学生怎么去表现?连衣柜最基本的造型都弄不清,难道还能要求学生凭空来设计、想象吗?创造可不是闭门造车,而是对已有知识经验的综合运用和提高。

可能现在孩子们身边的诱惑太多,五光十色的世界到处充满了吸引力,他们难得有机会静下心来认真仔细地观察身边的事物。心中无物,自难以做到胸有成竹,直接的反应便是概括能力差,造型能力差。要想解决这个大难题,今后的教学中应该带着学生多观察,强调如何用简单的基本形状概括复杂形体。

《小鸟》课程设计

课程内容：

鸟是人类的朋友。

学情分析：

二年级的学生逐渐形成了良好的学习习惯，明确了自己的学习目标，能够端正学习态度，对学习较为感兴趣、有信心。学习充满热情，能够运用自己的学习方法活学活用。快速熟练地进行课文阅读和课文理解。同时对不同的材料和美术工具的使用，已有了一定的掌握，通过感官体验各种材料、工具的特性，运用身边容易找到的各种材料，尝试简单的组合和装饰，体验设计制作活动的乐趣。

课程设计理念：

自然界中的鸟类种类繁多、颜色丰富、姿态各异，本次教学设计将美术综合探索内容《我喜欢的鸟》与语文课《鸟岛》，以及道德与法治课"爱鸟护鸟"内容相结合，通过对鸟的回忆、观察、分析、造型表现，可以使学生感受、体验鸟的美感，培养学生热爱大自然、保护鸟类、保护大自然的情感，提高学生的造型能力。

课程目标：

1. 感受人与鸟类之间的紧密关联和深厚感情。
2. 尝试简单的组合和装饰，体验设计制作活动的乐趣

课程评价实施：

评出"最佳制作奖"。

教学过程：

一、导入

同学们，你们喜欢小鸟吗？我国有这样一个小岛，上面住满了各种各样的小鸟，今天老师带领大家一起去《鸟岛》看一看。

播放鸟岛视频，同步播放《鸟岛》课文朗读版。

这些可爱的小生命是我们人类的好朋友。

板书课题：鸟是人类的朋友。

二、新授

（一）观察鸟

在下面的视频中，我们能看到很多各种各样的鸟，你认识这些鸟吗？你认为这些鸟哪里美？它们有什么共同特点和不同的地方？

（二）讨论鸟

通过刚才的观察，我们对各种各样的鸟有了更多的了解，请大家以小组学习的方式讨论一下：

1. 鸟的外形美在哪里：身上羽毛的颜色美、花纹美、姿态美……

2. 鸟的身体结构：都有头、嘴、翅膀……

3. 说一说不同的鸟的不同特点：孔雀尾巴大，仙鹤腿长，鹦鹉嘴似钩……

（三）探究式学习活动

1. 组织小组讨论：

各小组同学之间利用课前搜集的鸟的图片，向大家介绍鸟的名称、习性和外形特点。

2. 组织小组之间的交流：各组代表介绍特点突出的鸟。

（四）微课示范用纸筒芯制作鸟的方法步骤

接下来，请大家观看老师录制的一段小视频，并试着用简单的语言总结一下用纸筒芯制作鸟的方法步骤：

1．用彩色卡纸分别剪出鸟头、双翅、尾巴的基本形状。

2．用叠加粘贴的方法装饰鸟身体的各个部分。

3．色彩搭配可遵循同色系高低明度对比或对比色。

4．纸筒芯相应位置用剪刀开出插接口。

5．将鸟身体各部分插入相应插接口。

三、学生实践

（一）了解了用纸筒芯制作小鸟的步骤，下面到了我们大展身手的时候了，请每人用纸筒制作一只造型新颖、美观好看的小鸟。

学生制作纸筒小鸟。

（二）请大家用我们学习过的画、剪、贴等方法制作一张鸟是人类的朋友的宣传卡片。

（三）下面我们一起到校园，亲手把我们制作的宣传卡片安放在校园中，并对同学们进行爱护鸟类的宣传教育。

带领学生在校园进行实践活动。

四、课后小结

我们喜欢鸟、爱鸟，更应该保护鸟类、保护大自然，给他们一个像鸟岛一样的绿色家园。因为鸟是人类的朋友，爱鸟护鸟，就从现在开始吧！

课程实施掠影

课程实施感悟

鸟是人类的朋友

孩子们观看了鸟岛的视频，朗读了课文《鸟岛》，并且动手制作了保护小鸟的宣传卡片。下课前三（3）班的一名小朋友还给大家讲了一个关于保护鸟类的小故事：

阳光明媚的早晨，小明看到爸爸又在收拾东西。他拿了一把大弹弓，还有水和面包，看来爸爸又要去打鸟了。

"爸爸,你又去打鸟吗"？小明问。"对啊。"爸爸头也不抬地答应着。"鸟是我们的好朋友，您不知道不应该伤害它们吗?"小明继续劝爸爸。"朋友？鸟又不会说话，就算有的像鹦鹉、八哥会'说话'，它们也不明白什么意思。"爸爸满不在乎地说着，背上包就向外走去。

小明赶紧拉住他说："很多鸟已被列为濒危物种，有12%的鸟已灭绝，美丽的东方白鹳目前数量不足3000只，29%的鹦鹉和23%的鸽子都濒临灭绝。有966种鸟的数量不足一万只，有77种鸟已不足50只。有一种叫红腹灰雀的很可爱的小鸟，由于人类非法猎杀，数量已不足300只。橙额鹦鹉被古印度人视为掌上明珠，但现在野生的已灭绝，人类饲养的已不足10只了。爸爸，放下您手中的弹弓吧!"

爸爸低下头看着小明，竟然无言以对。过了一会儿，他抬起头笑着对小明说："好，我今后再也不打鸟了。"

小朋友们把热烈的掌声送给了讲故事的同学和故事中劝阻爸爸打鸟的小明，并且纷纷表示也要像小明一样做一个爱鸟护鸟的好孩子!

《雨》课程设计

课程内容：

雨。

学情分析：

下雨是孩子们在生活中常见的天气现象，雨滴拍打着地面、窗户上发出"啪嗒"的响声、打着小伞踩着雨水、雨水打湿发梢的凉意等，都是孩子们在雨中体验的快乐，几乎没有孩子不喜欢雨的。和"雨"有关的主题活动一定会激起学生的极大兴趣，对于和"雨"有关的文章、手工，也能让学生产生共鸣。

课程设计理念：

为了丰富孩子的体验，激发孩子对大自然探索的兴趣，我设计了这样一个关于"雨"的主题活动。本着孩子"自主探究"的教学原则，在教学活动中，通过让孩子们阅读文章《下大雨》《雨后》，感悟作者笔下的"雨"；然后结合自己的体验谈谈对"雨"的感受；最后动动巧手，完成剪贴画"雨"。这个设计是把语文课的朗读、道德与法治课的体验、美术课的剪贴进行了融合。

课程目标：

1. 培养学生观察雨天的兴趣，感受雨天活动的快乐。

2. 感知雨天的自然景象，激发学生对大自然的喜爱。

3. 完成"雨"的剪贴画，培养学生的动手能力和合作能力。

课程评价实施：

1. 根据学生的朗读进行评价。

2. 根据学生完成的剪贴画进行评价。

教学过程：

一、图片导入，激发兴趣

（一）老师出示雨的不同照片，让学生边看边用词语来形容图片中的雨。

倾盆大雨、和风细雨、暴风疾雨……

（二）同学们，你们喜欢雨吗？今天让我们一起走进雨中，和雨来一场约会吧！

二、欣赏和雨有关的文章，感悟雨中和雨后不同的景象

（一）欣赏《下大雨》，你在雨中都看到了哪些事物？他们在雨中是什

么样的状态？你最喜欢哪一个？把你的感受说给大家听一听。

荷叶　　　东倒西歪

大黑蜂　　钻

紫薇花　　湿透

麻雀　　　躲、歪

蜻蜓　　　倒吊

乌龟　　　昂、看、爬

小男孩儿　捂、放开、听

（二）欣赏《雨后》，你看到了一个怎样的哥哥和一个怎样的妹妹？

调皮的、爱妹妹的哥哥；胆小、依恋哥哥的妹妹；文中弥漫着浓浓的、深深的兄妹之情，以及他们在雨后欢乐的场面。

三、结合自己的体验，说说我和"雨"的故事以及对"雨"的感受

前几天，郑州也下了很大的雨，孩子们，你们喜欢"雨"吗？请你们四人为一小组交流一下自己和下雨的故事、感受，可以是你看到的、想到的、做到的，然后每组推荐一名代表来汇报。

（一）小组内交流自己对下雨的感受。

（二）每组选出一名代表，进行班级汇报。

四、用剪贴画"雨"表达对"雨"的喜爱

（一）同学们，既然大家都这么喜欢"雨"，那你们想不想用自己的小巧手来把"雨"留住？今天让我们一起来做剪贴画"雨"，把"雨"的美丽、有趣记录在画纸上。

（二）教师介绍剪贴画的方法，引导学生加入自己的想象，创作作品。

（三）小组合作完成剪贴画"雨"。

1. 小组进行商讨、计划、分工。

2. 小组内开始制作。

3. 最后修整、完善，完成作品"雨"。

4. 班级进行汇报、交流。

五、总结

同学们，在这节课上，我们既欣赏到了下雨时动物、植物的不同表现，还感受到了孩子们对雨的喜爱。我们通过自己的巧手，制作出了漂亮的剪贴画，留住了大家都喜欢的"雨"。雨是大自然送给我们的礼物，希望我们保护环境，享受这份美妙的礼物！

课程实施掠影

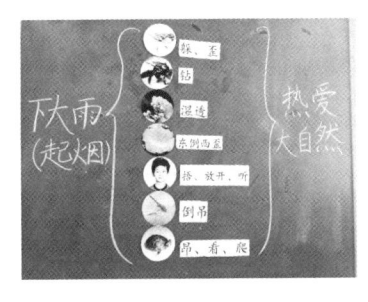

课程实施感悟

雨后

在这篇教学设计中,涉及语文课文中的两篇课文:《下大雨》和《雨后》。尤其是在欣赏《雨后》这首儿童诗的时候,我和孩子们都陶醉在雨后的踩水乐趣中,都被这兄妹俩深深感染了!冰心奶奶的这首儿童诗为什么会这么受大人和孩子的喜欢呢?

一、展现玩水场面,渲染群体之乐

诗人紧扣题意,先写雨后广场的情景:大雨过后,云开日出,广场上经过雨水冲洗的绿树更加青翠欲滴,一抹树梢沐浴在阳光里闪烁着灿灿金光,而广场上积水未扫,形成了一片"海洋",这正是孩子玩乐的好地方啊!

雨后玩水,这是孩子们的天性喜好。你看,一群孩子来了,他们赤着双脚,高挽裤管,争先恐后地在广场上水的"海洋"里,踩水啊,呼唤啊,欢笑啊,"快乐得好像神仙一样"——这是一个形象生动的比喻,渲染了孩子们无忧无虑、不受拘束、尽情玩水的热闹场景,造成了无比欢乐的氛围,群体之乐流溢纸端。

二、突出踩水摔跤,传达懊恼有乐

接下来文中突出了小哥哥踩水摔跤的典型描写——你看,他使劲地踩着水,溅起了好高好高的水花儿!"使劲"二字暗传了小哥哥踩水时不甘人后,竭尽全力,所以水花儿溅得很高,也许力气用得太大,身体不稳,在招呼妹妹"小心"的同时,自己却摔了一跤,多么幽默,多么有趣啊!

小哥哥摔了一跤，裤子湿了，沾上泥巴，水淋淋、黏糊糊，他在连连拍打的同时，又连连喊着"糟糕"，是担心妈妈责怪，还是顾忌小伙伴们的笑话？尽管如此，他的脸上"欢喜"之态不仅没有丝毫减退，反而放射出"兴奋和骄傲"的光彩：他为踩水尽情而兴奋，他为溅起的水花高过游伴而骄傲！摔上一跤有什么要紧，何况摔出了开心，摔出了骄傲呢！这真是懊恼有乐，童心闪亮……

三、描写小妹妹情态，暗示渴求一乐

雨后玩水只是男孩子们的事吗？不是。女孩子同样有着喜爱玩水的天性。你瞧，踩水玩乐的小哥哥后面，紧紧跟着的就是撅有两条短粗小辫儿的小妹妹。大概是小哥哥踩水摔跤的前车之鉴吧，小妹妹可就小心翼翼了——她"咬着唇儿"，不像男孩子们那样大呼小叫；她"提着裙儿"，不让雨水沾湿衣裳；她"轻轻地小心地跑"，防止水中地滑，再像小哥哥那样摔上一跤。这样的描写，把小妹妹雨后玩水的情态表现得细致入微，惟妙惟肖，较之小哥哥的使劲踩水，溅起老高的水花儿，显示了另一特色，给人一种摇曳多姿、富于变化的感受。

然而，这样一来，哪能体现孩子们的玩水之乐呢？妙就妙在诗人在收篇时紧承小妹妹的情态描写，补上了小妹妹心理活动的一笔："心里却希望自己／也摔这么痛快的一跤！"小哥哥使劲踩水，水花儿飞溅，尽管摔了一跤，但摔出了"兴奋"，摔出了"骄傲"，摔得多么"痛快"！相比较而言，小妹妹雨后玩水，无声无息，异常小心，该是何等别扭！干脆摔上一跤，像小哥哥那样，又是何等痛快！这"痛快"二字，不仅再现了小哥哥水中摔跤的感受，而且暗示了小妹妹希望摆脱玩水中的拘束，直步小哥哥的后尘，摔上一跤，玩得尽兴，渴求一乐啊！

冰心热爱小朋友，了解小朋友，对小朋友的生活、爱好、情趣，体察入微，所以写得情意交融，形象生动。就是这样，一首看似简单的雨后儿童诗，一些精妙的字词，让我们深深陶醉其中。感谢冰心这样的大作家，留给了我们这么优秀的文学作品！

版块四：传统课程之走近河南戏曲

《学唱戏》课程设计

课程内容：

学唱戏。

学情分析：

上学期"戏曲进校园"活动引起了孩子们的极大兴趣，相应的戏曲学习内容，也让他们对戏曲有了一定的了解。之后，在寒假，我们二年级布置了"学唱河南戏"的学习任务，这节课将对学习情况进行反馈。

课程设计理念：

河南戏曲是河南文化的一部分，为了让学生对河南这一特色文化有更深的了解和体验，老师先学着尝试唱一唱，引起学生的学习兴趣，然后在接下来的课时再进行学习指导。

课程目标：

1. 通过欣赏和练习河南戏曲，能够唱河南戏中的一个片段。

2. 根据戏曲知识的学习，对河南戏曲有更深的了解，并能简单画出不同角色的脸谱。

3. 通过对河南戏曲的学习，激起学生对河南戏曲的兴趣，进而生发出对家乡的热爱之情。

课程评价实施：

1. 根据学生表演的水平进行评价。

2. 根据课堂表现发放的红花奖励进行评价。

教学过程：

一、播放视频，激起兴趣

（一）播放一个学生演唱河南戏的片段，请学生认真看，然后说一说这位同学唱得怎么样，或者说一说自己在家学唱河南戏的感受。

（二）今天这节课我们就来学习一下"河南戏曲"。

二、欣赏戏曲演唱，现场展示

（一）老师之前看了同学们戏曲演唱的视频，大家唱得很用心，老师选取不同的唱段，请大家欣赏。

（二）老师发现同学们唱得最多的是《花木兰》中的一个唱段——《刘大哥讲话理太偏》，有谁愿意上台展示一下？

（三）请学生上台展示，其他学生看，然后进行评价。

三、总结

同学们，河南戏曲文化博大精深，俗话说"台上一分钟，台下十年功"，要想唱得好，是要下功夫的。感兴趣的同学可以多关注、练习，将来你很有可能成为一名出色的戏曲演员。作为河南人，我们也为家乡有这么优秀的文化而感到自豪！

课程实施掠影

课程实施感悟

学习河南戏曲　传承传统文化

别说对于二年级的孩子，即使对于已经三四十岁的老师来说，戏曲也是比较陌生的，我们不了解戏曲知识、角色分类，不会唱，只是稍微知道一些知名唱段。而上学期的"戏曲进校园"为我们揭开了戏曲的面纱，"米学网"上的一系列戏曲活动走进了学生的生活，我们开始了解戏曲，了解我们河南的豫剧。戏曲走进校园可谓是好处多多。

一、让戏曲走进校园，有利于增强学生的民族自信心

中国的戏曲艺术是中华民族传统文化的瑰宝。我们把戏曲音乐引入校园就可以让学生去感受戏曲音乐独特的艺术魅力，了解戏曲音乐进而了解戏曲艺术以至了解中华优秀传统文化的博大精深，认识中华民族的伟大创造力，就会使学生自然而然地产生一种民族自豪感，从而增强民族自信心。

二、让戏曲走进校园，有利于培养学生的鉴赏能力和表演才能

小学阶段的戏曲艺术教育主要是了解和赏析。中国的戏曲艺术是融表演、演唱为一体，以唱、念、做、打的综合性表演为基本形式的独特艺术门类。根据学生的不同特点与喜好选择一些易学、易唱、易做的剧目进行学唱与学做教学，使之循序渐进地步入不同角色和人物的学习之中。

三、让戏曲走进校园，有利于体现素质教育的真谛

素质教育的首要目标就是教会学生做人，做什么人和怎样做人。在戏曲艺术教学中，通过学生传唱，进行革命传统教育与爱国主义教育。这种教育效果是道德与法治课教学所不能替代的。

四、让戏曲走进校园，有利于抵制不良文化，振兴戏曲艺术

当前，通俗歌曲充斥大街小巷，其中一部分在思想内容和艺术情调上都不适宜学生模仿、传唱。如果整天沉溺于这种音乐文化中，必然会使他们的身心受到很大影响，不利于他们的健康成长。让戏曲音乐进入校园不失为一种行之有效的疏导、引导的好办法。音乐教学的作用是陶冶人的情操、启迪人的思想，戏曲也是如此。

了解到孩子学习戏曲的好处，我们紧跟其上，抓住寒假这个大好时机，鼓励孩子们跟着名家学、跟着前辈学河南豫剧。虽然孩子们交上来的演唱视频很不专业，音调不准，表情紧张，但是我觉得只要能迈出这一步，就

是很大的进步。在演唱的视频中,我选取了大家唱得最多、最熟悉的唱段《谁说女子不如男》进行现场演唱展示,孩子们的热情比较高,整个课堂洋溢着浓浓的戏曲味道,这比那些唱词不清、没有意义的流行歌曲强多了。

学习河南戏曲,传承传统文化,我们才刚刚起步,不过还不算晚,再接再厉,争取能有更多的收获!

《看大戏》课程设计

课程内容:

看大戏,了解河南戏曲的主要种类及其特点和代表人物。

学情分析:

大部分学生都听过河南戏曲,但对戏曲的种类及服饰和角色的了解并不多,这节课就是给同学们一个了解本土文化的机会。

课程设计理念:

让学生了解戏曲艺术的有关知识,加深对民族传统文化的理解。通过欣赏了解豫剧知识,了解豫剧的表演形式,以及角色行当的划分。

课程目标:

1. 了解河南戏曲的发展过程。

2. 了解河南戏曲的主要剧种及代表人物。

3. 了解河南戏曲主要剧种的特点,能区分主要的戏曲种类。

课程评价实施:

1. 根据课堂表现评选出本节课表现最佳的同学并发放小奖章。

2. 选出最佳表演奖并表扬。

教学过程：

一、情境创设，引入新知

（一）播放视频：播放《梨园春》电视节目的片段，看后提问学生，这个节目叫什么，同学们看过吗？河南卫视创办的经典栏目《梨园春》，涌现出一大批热爱豫剧的小擂主，其中孔莹等就是出色的小擂主。他们的年龄跟我们差不多，如果同学们有兴趣的话也可以参加豫剧打擂比赛。

（二）课件展示：河南戏曲的发展过程

河南被人们称为"戏曲之乡"，因为这里有光辉灿烂的戏剧文化。丰富多彩的戏剧种类，在河南戏剧园地争奇斗艳。明清以来，在河南有据可查的曾经流行的剧种有45种之多。到了20世纪80年代，有专业或业余剧团演出的戏曲剧种仍有31种，主要有豫剧、曲剧、越调、大平调、宛梆、怀梆、怀调、落腔、道情戏、四平调、柳琴戏、坠剧、豫南花鼓戏、蒲剧、大弦戏、京剧、二夹弦等。这些剧种都属于戏曲大家族，它们有许多相同或相似之处，但细细品味，又风格各异，迥然有别。

大体上我们可以把它们分为地方大戏和地方小戏。

所谓"大戏"，就是较多地上演反映政治斗争、军事斗争之类社会重大问题的剧目，行当齐全，生旦净末丑均有，而又往往以黑脸、红脸为主，豫剧、越调、大平调、怀梆、怀调、大弦戏等就属于此类。这类戏，都有热烈、红火、激昂、明快等特点。

所谓地方小戏，是多表现家庭纠葛、生活情趣的戏。它以小生、小旦为主，或以小生、小旦、小丑为主，称为"二小戏"或"三小戏"。在河南，曲剧、二夹弦、道情戏、豫南花鼓戏等，都是地方小戏。

河南戏曲中，最著名的是豫剧。河南人向外地人说起豫剧，往往眉飞色舞，自豪之情溢于言表；外地人对河南人提起豫剧，也大都跷指称赞。可以说，豫剧是河南人的骄傲。

二、深入学习，了解河南戏曲种类

课件展示：四大剧种的名称和特点。

豫剧（河南梆子）：豫剧一向以唱见长，在剧情的节骨眼上都安排有大板唱腔，唱腔流畅、节奏鲜明，极具口语化，一般吐字清晰、行腔酣畅，易为听众听清，显示出特有的艺术魅力。豫剧的风格首先是富有激情奔放的阳刚之气，善于表演大气磅礴的大场面戏，具有强大的情感力度；其次是地方特色浓郁，质朴通俗、本色自然，紧贴老百姓的生活；最后是节奏鲜明强烈，矛盾冲突尖锐，故事情节有头有尾，人物性格大棱大角。主奏乐器是板胡，代表人物有常香玉、马金凤、唐玉成等，著名曲目有《花木兰》《朝阳沟》等。

曲剧（高台曲）：大多采用本嗓来演唱，表演也相当接近生活，质朴、自然、婉转、柔美，悠扬缠绵，抒情性强，生活气息浓郁。唱调、唱腔丰富多样，音乐丰富。演出剧目一般为"三小戏"，即小生、小旦、小丑，内容一般反映家庭生活爱情故事等。主奏乐器是曲胡，代表人物有张新芳、王秀玲，著名曲目有《李豁子离婚》《卷席筒》等。

越调：唱腔高亢明快，唱中有笑，笑中有唱，以字带音，以音传情，既能抒发悲伤、深沉的情感，又能抒发壮怀激烈的感情。越调唱腔主要为"越调"并辅以昆腔、唱吹腔、七句半等。越调具备浓重的乡土气息和中原地区民间音乐的特色；越调唱腔丰富，具有本行当特有的套路和板式。演员演出时以本嗓演唱同时辅以假声，其中流行唱腔的主因较其他剧种高出5个音节。代表人物有申凤梅。

河南坠子：河南民间的一种说唱音乐形式，主要伴奏乐器为"坠子弦"（今称坠胡），且用河南语音演唱，故称之为河南坠子。演唱者一人，左手打檀木或枣木简板，边打边唱。也有两人对唱的，一人打简板，一人打单钹或书鼓。还有少数是自拉自唱的。唱词基本为七字句。伴奏者拉坠琴，有的并踩打脚梆子。初期大多演唱短篇，也有部分演员演唱长篇。现代题材曲目都是短篇。例如《罗成算卦》。

三、交流展示

（一）试唱戏曲

课件展示：播放视频《刘大哥讲话理太偏》。

要求：请同学们先试听一遍，然后再学唱，会唱的同学要帮助不会唱的。

（二）对河南戏曲的发展提出个人建议

要求：小组讨论，做好记录，全班交流。

内容：建议要多样化、形式要新颖。

例如：改变传播方式、进行形式演变、举办比赛等。

课程实施掠影

课程实施感悟

刘大哥讲话理太偏吗

欣赏完视频《刘大哥讲话理太偏》，原本设计是请同学们模仿演唱豫剧这一经典唱段，谁知发生了这样的小插曲。

"老师，刘大哥是谁？为什么讲话理太偏？"二（2）班的王意涵突然提出了这样一个问题。当时我脑中在快速反应，关于这段戏曲的故事背景在设计课程的时候原本加入了，但是考虑到课堂时间有限又把这一环节取消了，看来是我准备得不够充分，庆幸的是我在备课的时候关注到了这个问题还能讲出来，不然今天就出丑了。在调整思绪后我就开始给孩子们讲起刘大哥。

刘大哥是与花木兰一起从军、并肩作战的战友刘元度（刘光之子）。花木兰的父亲叫花志芳，花志芳当年曾与刘光、王勇二人一起从军。他说女子在家享清闲引出花木兰唱段，花木兰的故事在我国久有流传，北朝民歌《木兰诗》被选为中学语文教材。《刘大哥讲话理太偏》是豫剧《花木兰》中一个著名的唱段。剧中女主人公花木兰乔装男子替父出征，征战十三载，累建功勋，辞官回乡。贺元帅亲临，方知花木兰为女子。在奔赴战场途中，有位同行的男士口出怨言，认为天下苦事都叫男子做了，女子成天在家享清福。花木兰以男子身份，慷慨陈词，为女子摆功，直说得这位男士无言以辩。

看到孩子们听得津津有味，我也有所反思，今后在备课的时候一定要从孩子的角度出发，设计出他们感兴趣的环节，提高教学效果。

《画脸谱》课程设计

课程内容：

画脸谱。

学情分析：

为了能上好这一课，我让同学们回去收集有关脸谱的知识及图案，让同学们课前准备好一张已经画好了的各式各样的脸型，这样一来为课堂打好了基础。我也准备了几张脸谱图案和课件，让同学们准备了蜡笔、油画棒、彩色水笔等。

课程设计理念：

让学生对我国的戏剧艺术有所了解，然后让学生在开放、轻松的心情下完成脸谱图案的绘画。

课程目标：

1. 让学生了解河南的戏曲文化及剧种，了解人物角色生、旦、净、丑的脸谱。

2. 根据人物的服饰特点和身份，学画符合人物的脸谱。

课程评价实施：

1. 根据课堂表现评选出本节课最佳表现的同学并发放小奖章。

2. 选出最佳表演者，发表扬信。

教学过程：

一、欣赏感知戏曲脸谱

（一）老师清唱几句《刘大哥讲话理太偏》，问：同学们知道老师唱的是什么吗？（豫剧）请你们仔细地观赏并思考这么一个问题：戏曲人物的脸和我们现实生活中人物的脸有什么不同呢？（图案夸张，色彩鲜艳，涂满整张脸……）

戏曲化妆色彩浓重，形式夸张，具有象征性和约定俗成的程式（板书）。同学们，京剧是我国的四大国粹之一，今天我将带领大家一起学习戏曲中的一个小小部分——脸谱艺术。

（二）戏曲脸谱是我国宝贵的文化遗产，脸谱的图案及其色彩都代表了不同人物的不同性格特征，具有其特定的谱式和色彩。

二、了解戏曲脸谱特点

（一）戏曲角色主要有生、旦、净、丑。在戏曲表演中，脸谱的描绘往往根据戏曲角色行当生、旦、净、末、丑来分别对待，特别是净角、丑角脸谱多种多样，丰富多彩。

生：男性形象，面部化妆俊扮。分为小生、老生、武生等。

旦：女性形象，又分为花旦、老旦、青衣、武旦、刀马旦。

净：俗称花脸，指那些面部勾画脸谱的男性形象。

丑：又称小花脸、三花脸，指那些滑稽幽默或相貌丑陋的人物。

课件录像资料，让学生再次欣赏并分辨角色行当。

思考：图案左右两边的形状、颜色、大小有什么特点？脸谱图案一般是对称的，也有些局部是不对称的。

（二）脸谱的图案非常丰富，每个部位的图案变化多端，有规律但无定论，这些图案通常都画在哪里呢？老师一个个点出文字进行讲解。思考：通常这些图案哪里的变化最多呢？眉框图和额头图最多。

（三）画脸谱

课件打出步骤图，老师演示：

1. 画出头形，定五官位置。

2. 确定人物类型。（红、黑、反派、正派……）

3. 用线画纹样。（流畅、和谐、美）

4. 涂画色彩。（有主色、黑色和白色）

发放课前准备好的脸谱图，学生进行涂色。

三、欣赏学生作业

学生展示作品，师生评价。

课程实施掠影

课程实施感悟

画脸谱

  这是一节很有特色的教学活动。活动的目的是让学生欣赏并认识典型的戏曲花脸，初步了解脸谱代表的意义。然后学习用鲜艳的色彩和夸张、对称的图案设计戏曲脸谱。

  在设计这节活动课之前，我和孩子们聊起戏剧，算是一个摸底吧。"你们听过戏曲吗？"只有几个小朋友回应我。当我再问："你们都听的是什么戏曲呢？"孩子们目瞪口呆地答不上来了。是啊，他们都是些孩子，怎么可能对戏曲有所了解呢？在他们的世界里，满脑子动画人物。对于戏曲真的是一无所知。说实话，我对戏曲也只是一知半解。一连串的问题出来了：怎样才能上好这个活动？如何让孩子们抓住重难点？如何让孩子们对京剧、对脸谱感兴趣呢？

课堂上，我再请学生欣赏关于脸谱的图片，让他们边听边看；最后和学生交流、讨论脸谱的特征（包括认识对称、色彩怎么样）；画脸谱时，我先准备一张范画，把自己对京剧的了解和绘画的要求仔细地讲清楚后，便是孩子作画的环节。作画中，孩子对"对称"的概念不是很了解。于是，我让他们把纸对折起来，引导学生根据对折线，左边画什么，右边也要画什么。这样，他们就很直观地了解了什么是对称。另外，我告诉他们，脸谱的颜色要很鲜艳，画画时颜色用得多一点，这样才能吸引别人的目光，学生都听进去了。在作画过程中，作为音乐老师的我心情很忐忑，我的绘画水平不高，所以画脸谱确实有难度。不知道今天的绘画作品会是什么样的。

活动后，我看了孩子们的作品。他们基本都能围绕左右对称，大胆地对脸谱进行设计，用上自己喜欢的图形和颜色对画面进行布局、装饰。总之我很满意，比预想的要好。我迫不及待地把孩子们的作品进行讲评，并让孩子相互欣赏、共同分享成功的喜悦！今天的脸谱绘画活动圆满结束了，我认为主要原因是运用现代教学工具，搜集了更多的图片资料和音频资料。虽然课前忙碌一些，但因为充分的准备，组织活动更加得心应手。孩子们收获颇多！这样的教学，才真正起到了事半功倍的作用！

版块五：传统课程之走进清明节

《走进清明节》课程设计

课程内容：

走进清明节。

学情分析：

1. 二年级的学生活泼好动，兴趣难持久，在课堂上宜采用视频、图画的形式，调动学生的注意力。

2. 学生短时记忆能力强，因此要抓住他们的特点，采用多种形式来进行教学。大力鼓励和奖励学生，鼓励他们充分发挥自己的想象思维和创造能力。

3. 二年级的孩子，已经能够通过文字和图画来展现自己内心的体会，对于直观的、易于表达的学习内容，学习兴趣较高。

课程设计理念：

即将到来的清明节是中华民族的一个重要的传统节日，是祭祖和扫墓的日子，也是郊游踏青的好时光。清明节这个中国传统节日已被列入国家级非物质文化遗产保护名录，还被列入法定假日，这体现了国家对传统民俗节日的重视。然而，青少年虽然热切盼望清明假期，但据初步调查，不少小学生对这个节日的民俗意义和相关传统文化知识却知之甚少，他们认为祭祖是老人的事，甚至认为是封建迷信，而扫墓则是出游的幌子，至于清明节的来历、风俗、文化内涵等，他们知之甚少。

课程目标：

1. 了解清明节的历史、习俗，感受中华传统文化的源远流长，领略传统文化的魅力。

2. 通过引领学生勇于探究、大胆实践，学会用多种方式搜集整理资料。

3. 使学生体验探究的快乐，激发学生了解祖国传统文化的热情，增强民族自豪感。

课程评价实施：

通过课外搜集资料、制作清明节手抄报，比一比谁做得更好。

教学过程：

一、创设情境，激发探究兴趣

(一) 一年一度的清明节又来临了，清明节是我国最重要的传统节日之一，在这样一个传统节日里，你想对老师、同学们说些什么呢？

(二) 师生畅谈清明感受

二、小组讨论，提出问题

(一) 你对清明节有哪些想要了解的内容？先在组内交流，说出你的想法和疑问，由小组长将同学们的意见归纳整理，写在准备好的纸上，最后由小组长代表各组向大家展示交流。

(二) 小组内交流，教师巡视指导

三、集体交流，归纳活动主题

(一) 小组长交流各组的问题，教师将问题进行板书

各小组将讨论结果总结汇报；教师板书问题，为后面活动做准备。

（二）引导学生讨论

  寻清明来历

  探清明习俗

  忆革命先烈

  品清明诗歌

  解清明传说

  谈清明天气

四、活动小结

  我们本次活动的主题已经确立，祭祖扫墓是清明节的主题，但不是全部，还有吃青团、踏青、荡秋千、蹴鞠、打马球、插柳等一系列风俗活动。课下请大家想一想，你对哪个课题最感兴趣、最想研究，让我们真正走进清明。真切感受清明节的氛围，领悟清明节祭祖扫墓的人文内涵，并在思想上明确怎样才能过一个文明的有意义的清明节。

课程实施掠影

版块六：传统课程之少数民族篇

《少数民族节日》课程设计

课程内容：

少数民族节日。

学情分析：

本主题主要围绕少数民族的节日展开教学，目的是使学生了解部分少数民族的传统节日以及这些节日的意义。二年级学生对我们常过的汉族节日有了一定了解，而对少数民族的节日认识欠缺，本课主要介绍了少数民族节日的习俗，让学生在活动中知道少数民族节日是中华民族文化的重要组成部分，增强民族自豪感，加强民族团结意识，培养他们的爱国主义情感。

课程设计理念：

以学生的生活为基础构建学习主题，引导学生关注生活中的习俗。在内容呈现方式上，体现学生学习的过程性、探究性，注重引导学生在活动中学习，在感悟体验中学习。

课程目标：

1. 通过对少数民族节日的了解，增强学生的民族自豪感，加强学生的民族团结意识，培养其爱国主义情感。

2. 培养学生学会收集资料的能力、交往与表达的能力。

3. 了解几个少数民族的节日习俗和来历。了解少数民族节日是中华民族文化的重要组成部分。了解这些习俗反映了不同民族的历史文化、习俗和别具风格的民族艺术。

课程评价实施：

借助学校常规指南等表格，各科教师对学生进行持之以恒的要求、训练、检查和评价。

教学过程：

一、创设情境，激趣导入

同学们都知道我国是一个多民族的国家，那我国到底有多少个民族呢？（56个）你记得汉族有哪些民族节日吗？

除了汉族，我国还有55个少数民族，他们也有自己传统的民族节日。每逢节日，人们盛装打扮，置办酒席，歌舞欢庆。同学们想不想参加这样的节日？今天老师就带领大家一起去分享少数民族节日的快乐！

二、活动体验，探究互动

课前老师让同学们搜集了有关少数民族节日的资料，同学们愿意把自己搜集的资料与大家分享吗？

学生汇报自己的学习成果。老师要引导学生相互补充，并适时进一步讲解。注意表扬发言踊跃及介绍详细的学生。

火把节：每年的农历六月二十四日是彝族最隆重的节日。家家饮酒、吃肉，并杀牲以祭祀祖先，人们穿新衣服，开展具有民族特色的文体活动。男子参加斗牛、斗鸡、斗羊、赛马、摔跤比赛，女子则唱歌、吹口弦、弹月琴。晚上，人们手持火把围绕住宅和麦田游行，然后燃起篝火，唱歌跳舞，一直玩到天亮结束，村寨充满了节日的欢乐。

开斋节：在伊斯兰教历9月，所有成年的健康的穆斯林男女都要履行一个月的斋戒。每逢斋月，穆斯林只能在日出前和日落后进食，白天不许饮食，斋月结束时举行开斋节。届时，人们沐浴净身，施散钱财，互道平安，悼念死去的人。

花甲宴：朝鲜族非常注重礼节，尤其崇尚尊老爱幼的传统美德，晚辈对长辈必须用敬语，吃饭时长辈动筷后，其余人才能用餐。父母60岁生日的这一天，子女们要为老人举办花甲宴。花甲宴上，子女亲戚欢聚一堂，老两口穿上新衣服，端坐正中，身穿盛装的子女以辈分长幼为序，依次向老人敬酒。礼毕后，子女们盛情款待亲朋好友。

三、归纳梳理，知识建构

（一）泼水节

同学们知道的可真多，看了同学们收集的这么丰富的资料，我真高兴。老师也收集了其他民族的节日。同学们想不想看一看？让我们一起来欣赏。

（播放专题视频资料：傣族人民过泼水节）

边看边思考以下几个问题：

1. 哪位同学知道这是哪个民族？过的什么节日？

2. 从画面上你们都看到了什么？

3. 为什么人们的衣服淋湿了还十分高兴呢？

学生汇报，教师随机介绍傣族的"文泼"和"武泼"习俗。

1961年的泼水节傣族人民是和敬爱的周总理一起度过的，傣族人民不但感到快乐，而且觉得特别幸福，特别难忘。那么周总理是怎样和傣族

人民过泼水节的呢？让我们来看一看（播放课件：周总理与泼水节的故事）

周总理当时已是六十多岁的老人。他参加泼水节以哪些实际行动尊重了少数民族人民的习俗呢？（穿傣族人民的服装和傣族人民一起泼水、跳舞；没有让警卫人员打伞）

听了周总理与泼水节的故事，看了周总理与傣族人民一起过泼水节的录像后，你有什么感受呢？

小结：近年来泼水节一年比一年热闹，汉族等其他兄弟民族纷纷与傣族人民一起分享节日的快乐。

（二）那达慕大会

泼水节是南方少数民族的一个节日，下面我们欣赏一个具有北方特色的少数民族节日。（播放影视资料：那达慕大会）

通过这段录像你对那达慕大会有了哪些初步了解呢？

除我们刚才看到的资料外，你对那达慕大会还有哪些了解？

（那达慕大会是蒙古族最热闹的节日之一。会上有骑马、射箭、摔跤三项活动。摔跤是那达慕大会的主要内容，摔跤手上身穿牛皮背心，下身穿肥大的摔跤裤，脚蹬蒙古靴，他们高唱摔跤歌，跳跃出场，每个参加者都有奖励。其中最有成就的摔跤手将被授予"达尔罕"终身荣誉称号。这种斗志斗勇的比赛培养了蒙古族剽悍的气质和乐观豪迈的精神。除摔跤外，那达慕大会上还举行射箭、赛马、马术、赛骆驼比赛和歌舞比赛。每逢七八月间，草原上都要举行那达慕大会，"那达慕"蒙语是娱乐或游戏的意思，它源于古代"祭敖包"的仪式。）

小结：随着社会经济的发展，我国部分少数民族在欢度节日的活动中也增加了商贸活动，像那达慕大会同时又是民族特色的生活用品和风味小吃的展卖会，既增强了民族文化的交流，增进了民族团结，又促进了民族经济的发展。

四、拓展知识，迁移发展

我国是一个多民族国家，除刚才我们学习、汇报的一些民族外，其他民族也有着形形色色的节日习俗，有趣极了。大家还想不想了解更多的民族节日呢？

（给学生充分的发言机会。利用情境、协作、会话等学习环境要素充分发挥学生的主动性、积极性和首创精神，培养学生的协作精神）

全班交流共同学习。学生代表汇报资料。

五、活动总结，提升感知

同学们，56个民族、56种民族文化，世界上没有哪个国家像我们中国一样有这么多的民族和如此灿烂的文化，面对这样伟大的祖国，你们最想说些什么？

我国少数民族节日真是不胜枚举。如今，这些节日已成为人们生活中不可缺少的重要内容，不但丰富了人们的文化生活，繁荣了当地的社会经济，也增进了各民族的团结。一些没有文字的民族，他们的文化往往就是通过节日这一形式得以保存和发展的。民族节日还是我国各族人民同海外侨胞、各国人民友好往来的桥梁。长期以来，我们56个民族都相互尊重，相互帮助，所以我们的祖国才变得更加繁荣富强。

56个民族56朵花，我们56个民族团结在一起，祖国才会更加强大。（音乐《爱我中华》）让我们在这首欢快的歌曲声中结束今天这堂课吧！

课程实施掠影

课程实施感悟

56个民族56朵花

56个星座，56朵花，56个兄弟姐妹是一家……

我国是一个多民族国家，56个民族就像兄弟姐妹一样生活在祖国的大家庭中。各民族有着自己的传统节日。了解学习民族节日可以增进各民族之间的理解和尊重，增强各民族的团结，继承和发扬民族文化。本课注重让学生建立中华民族是一个多民族团结的大家庭的概念，让学生了解不同民族的节日文化等知识，理解不同民族其生活方式也不同。

本主题主要围绕民族节日展开教学，目的是使学生了解部分少数民族的传统节日以及这些节日的意义。由于我们居住的地区环境限制了我们对少数民族知识的了解，对于民族的分布和风俗习惯了解得就更少了，因此教学难度比较大。为了能有效地完成教学任务，我和学生都做了充分的准备。

经过一节课的学习，学生对我国少数民族的传统节日有所了解，心里充满了对祖国的热爱、自豪和骄傲，更加懂得了要热爱自己的祖国，热爱人民，弘扬祖国传统文化。

《看新疆》课程设计

课程内容：

新疆是个好地方——看新疆。

学情分析：

新疆距离我们生活的城市比较远，二年级有很多孩子没有到过新疆，对西北边疆的地理环境、风俗习惯、生活习惯以及文化历史等都比较陌生，所以这一课的设计有利于让孩子们对新疆有简单的了解，激发学生学习的热情。

课程设计理念：

让学生通过欣赏新疆自然风光，了解新疆风土人情以及新疆各民族唱歌、跳舞等艺术活动，对民族音乐、歌舞等产生浓厚兴趣。体验多元民族文化的魅力，在活动中提高人文素养、艺术能力。让学生知道新疆，懂得新疆历来是祖国不可分割的一部分。

课程目标：

1. 了解新疆在我国的位置，新疆的面积。

2. 了解新疆有哪些民族和各民族的衣着特征，以及一些主要少数民族的风土人情和文化特点。

3. 了解新疆壮美的高山、奔腾的河流、沙漠、草原等。

课程评价实施：

1. 根据课堂表现评选出本节课表现最佳的同学并发放小奖章。

2. 选出最佳表演者，发表扬信。

教学过程：

一、新疆在我国的位置

新疆在我国的西北部，土地辽阔，有很多美丽的地方，首府乌鲁木齐，新疆维吾尔自治区是中国五个少数民族自治区之一，也是中国陆地面积最大的省级行政区，面积约166万平方千米，约占中国陆地总面积的六分之一。

二、各族人民心连心

（一）认识新疆

首先让学生观察课件第1页的图片"美丽的新疆"，并请学生用语言描述图片中的情景，引导学生认识在我们美丽的天山南北辽阔的土地上，共同生活着不同的民族，各民族的服饰是不同的。

（二）新疆的世居民族有 13 个

1．总结新疆的民族构成：新疆的世居民族有 13 个。新疆现有 47 个民族居住，主要有维吾尔、汉、哈萨克、回、蒙古、柯尔克孜、锡伯、塔吉克、乌孜别克、满、达斡尔、塔塔尔、俄罗斯等民族。

2．拿出一张人民币（纸币），提出一个问题：你知道人民币上有哪些民族的文字？这样既激发了学生的学习兴趣，使学生了解到生活中的有关知识，又使学生了解到有些民族有自己的独特文字。在这里要强调一个问题：并不是所有的民族都有自己的文字，有些民族没有自己的文字。

三、新疆是个美丽的地方

（一）美丽的天山

1．天山横亘于新疆中部，不仅是亚洲最大的山系之一，而且那里又是我国最大的现代冰川区。天山不仅养育着新疆的各族儿女，而且山上都是宝，是旅游观赏的好地方。

2．美丽的天山，到处都有秀美的景色。雪峰、冰川、森林、草原、湖泊、山花，共同组成了天山美景。

（1）第一幅图：美丽的天山天池

(2) 第二幅图：雄伟的天山冰川

(二) 美丽的伊犁河谷盆地

伊犁河谷盆地位于天山山脉的西部，三面环山，资源丰富。盆地里有许多美丽的风景。伊犁河谷位于新疆维吾尔自治区西北角，包括伊宁市、尼勒克县、新源县、巩留县、特克斯县、昭苏县、察布查尔县、霍城县。伊犁河谷北、东、南三面环山，构成"三山夹两谷"的地貌轮廓。

1. 伊犁河谷盆地大片的苹果园

2. 伊犁河谷盆地果子沟

课程实施掠影

课程实施感悟

美丽的果子沟

新疆的风景真美呀，人们都说新疆的果子沟是伊犁的第一美景，课后孩子们对课堂上老师展示的新疆美景发出"啊！啊！"的惊叹声，看来他们是被吸引了。在第二课时我增加了对美丽的果子沟的介绍，丰富了课程内容。

果子沟又名塔勒奇沟，位于天山西部的关隘之中，是进入伊利谷地的咽喉地带，自古以来就以位置险要而著称。据说在元代以前，果子沟还是一个不通轮轳的古牧道。成吉思汗挥兵西征时，为了加快进军步伐，他的儿子察合台率部在果子沟"凿石理道，刊木为四十八桥"，为成吉思汗夺取军事上的胜利做出了贡献，更重要的是打开了中原通向伊犁河流域的通道，为古丝路新北道开辟了一条捷径。

由于果子沟地扼交通要冲，古代一些亲莅伊犁的政治家、旅行家曾路过于此。他们流连于谷中山水，写下不少优美的诗文。元初李志常《长春真人西游记》中描绘果子沟"左右峰峦峭拔，松桦阴森，高逾百尺，自巅及麓，何啻万株。众流入峡，奔腾汹涌，曲折湾环，可六七十里"。清代林则徐"荷戈万里"行经果子沟，也在日记中留下"峰回路转"的记载，称其"天然画景，步步引人入胜"。

果子沟景物丰富多彩，特别是夏末秋初时节，山上山下可以同时看到一年四季的不同景色：谷底山花烂漫，蜂飞蝶舞，这是阳春的景色；山峦松塔如墨，林涛千层，这是夏天的景致；山坡上野果正熟，满目橙黄灿烂，这是金秋的画面；远山皑皑冰峰和近处的苍松白雪，相映增辉，这又是北国冬季的风光。乘车在果子沟旅行，你的心情会随着山色的变幻而跳荡。当车轮飞驰在怪石嵯峨、峭壁悬空的险境时，你不免因担心车子失慎滑入深谷，以至于沁出一身冷汗。然而突然之间，只见车头一转，眼前又是一番清幽景色，山光似锦，泉声如琴，真是"柳暗花明又一村"，你的心情马上又变得格外轻松、欢悦。更神妙的是，当车子沿着螺旋式的盘山大道，爬上了塔勒奇的山巅时，你会蓦然觉得蓝天分外开阔，群峦更加苍翠，心胸也格外坦荡。

果子沟，也是一处饱藏着山区资源的地方。整个沟谷的河滩、山坡，长满了野生的赛维氏苹果和山杏、核桃。"果子沟"之名，正是由此而来。元初耶律楚材在《西游录》中说到果子沟"地皆林檎，树阴蓊郁，不露日色"。这里所说的林檎就是野苹果。又据科学工作者考察，果子沟还生长着百种药材，如党参、当归、贝母、独活、佩兰、山大黄、赤芍、野牡丹等。沟内，野牡丹密株连片，达三四亩地。这些野牡丹的根部，长出一种叫冬虫夏草的黑蘑菇，仅有火柴头那么大，它是稀有名贵药材，具有伏元益气、滋肾补脑、明目提神、活血健脾的功能。果子沟还蕴藏着丰富的石灰和粗质的磨刀石头；桦树和松木资源也相当可观。在密密的山林里，出没着许多野兔、狐狸、狼、熊、野猪、马鹿等动物，形成一个天然动物园。

《爱新疆》课程设计

课程内容：

新疆是个好地方——爱新疆。

课程目标：

1. 让学生从现实生活着手，列举新疆风味小吃的种类，认识和了解新疆风味小吃的特点。

2. 了解各民族在传统节日中的服饰特点和礼节以及在节日中要举行哪些传统活动。

3. 了解新疆少数民族运动员在射箭、摔跤、赛马、达瓦孜等项目中取得的享誉国内外的成绩。

课程评价实施：

1. 根据课堂表现评选出本节课表现最佳的同学并发放小奖章。

2. 选出最佳表演者，发表扬信。

教学过程：

一、新疆的风味小吃

以新疆风味小吃的影像、图片资料导入，激发学生的学习兴趣。

(一) 又圆又香的馕

1．了解新疆不同品种的馕的制作方法

"吐努尔"是维吾尔族群众烤馕的馕坑，也叫馕炉。几乎所有维吾尔人居住的地方都有馕坑。馕坑形如一个无底倒扣的缸，四周用土坯围成方形的土台，即成为馕坑。小型馕坑可以烤包子和其他食品。大型馕坑用来烤全羊、烤羊肉串等。维吾尔人一日三餐都离不开馕，馕坑对他们的生活来说是十分重要的。

（1）夹心馕的制作方法

做馕坯、焙烤，将面皮剂子擀成面皮，用刷子蘸面糊刷满面皮，取一个面馅剂子包入面皮中，包严制成馕坯后，入炉焙烤即得成品。

（2）甜烤馕的制作方法

饧好的面团用手揉成长条，摘成几个面剂，揉成圆形，上面抹上油，两个合在一起即成烤馕生坯。用手从馕底部托起，改成圆形放入盘内，用220～230℃的炉温烘烤12～14分钟即可出炉。

(二) 香喷喷的抓饭

1．抓饭：维吾尔语称"波劳"，是新疆维吾尔族、乌孜别克族等民族喜爱的一种饭食，多净手掇食，故汉语称为"抓饭"。

2．抓饭的主要原料有大米、羊肉、胡萝卜、葡萄干、洋葱和清油。用它们混合焖制出来的饭，油亮生辉，香气四溢，味道可口，甚受欢迎。

3．新疆的抓饭种类、花样较多。如用油方面，除用清油（胡麻油、棉籽油、菜籽油等）外，还有采用骨髓油、酥油、羊油的。在用肉方面，除羊肉外，还有选用鸡、鸭、鹅和牛肉来做抓饭的。此外，也可选用葡萄干、杏干等干果代替肉来做抓饭，称为甜抓饭或素抓饭。

二、喜庆的节日和民族风情

以各民族的节日盛典及各种传统活动进行导入，激发学生的学习兴趣。

（一）巴音郭楞的回族、维吾尔族、哈萨克族等信仰穆斯林的群众，每年都要过肉孜节和古尔邦节这两个伊斯兰教重大的节日。

1. 肉孜节

肉孜是阿拉伯语"斋戒"之意，这个节日的当月要封斋。封斋期间，人们要在日出之前吃好封斋饭，日出之后，整天不进饮食，要克制私欲。

2. 古尔邦节

古尔邦节是我国穆斯林的盛大节日。"古尔邦"在阿拉伯语中称作"尔德·古尔邦"或"尔德·阿祖哈"。"尔德"是节日的意思。"古尔邦"和"阿祖哈"都含有"牺牲""献身"的意思，所以一般把这个节日叫"牺牲节"或"宰牲节"，也译作"库尔班"。

（二）了解新疆少数民族运动

1. 达瓦孜

达瓦孜是维吾尔族一种古老的传统杂技表演艺术。"达"在维吾尔语中是"悬空"之意，"瓦孜"是指嗜好做某件事的人。"达瓦孜"一词，是借用波斯语"达尔巴里"，意思是高空走大绳表演，古时称为"走索""高原祭""踏软索"等。

2. 骑射

骑马射箭，是维吾尔族民间的传统习俗，也是他们生活的一部分。随着社会的进步和经济的发展，这一活动也成为他们的一项传统体育项目。

3. 打嘎儿

打嘎儿，多见于维吾尔族的青少年中，是维吾尔族传统的民族体育项目。

维吾尔族的打嘎儿比赛，一般在两人或人数相等的两组间进行。比赛前，先备制一个长 10 厘米左右、两头尖、中间粗的枣核状的小木棍作"嘎儿"，再备一根长约 50 厘米的木棒或木板为击嘎棒，粗细不限。场地无严格规定，操场或空旷平地即可。在场地的一端，挖一个长方形的小坑或用两块砖头摆成坑形。

课程实施掠影

课程实施感悟

吐鲁番的馕，也有自己的故事

"老师老师，我知道馕的故事，我想给大家讲讲可以吗？"当课堂上出现了馕的图片时，二（1）班的赵美静就迫不及待地举起了手。"好呀，那就请你上台来给大家讲讲你所知道的馕的故事吧。"同学们响起了期待的掌声。

这个平时发言就很积极的小女生绘声绘色地给大家讲起了吐鲁番馕的故事……

很久以前，在浩瀚的库姆塔格沙漠边缘，牧民们长年累月在荒无人烟的沙漠戈壁游牧，带着干粮上路，寒来暑往，出去一次少则十天半月，多则一年半载。身上背的干粮硬得像戈壁滩上的石头，又干又硬，咬一口门牙直冒火星。

有一天，一丝风也没有，太阳像着了火一般。一些似云非云似雾非雾的沙尘，低低地浮在空中，吸食着人身上每一滴汗水……吃草的羊也学会了挖坑，将头钻进土里，依然咩咩地叫个不停。牧羊人吐尔洪被太阳烤得实在受不了了，就扔下羊群，一口气跑回几十里以外的家中。

吐尔洪一头扎进水缸，出来时头上的水立刻变成了蒸气。他发现老婆放在盆里的一块面团儿，不顾一切地抓了过来，像戴毡帽一样扣在头上。面团儿凉丝丝的，舒服极了。

这时他想起了扔在外面的羊群。太阳依然在燃烧，吐尔洪踏着龟裂土地上冒起的粉尘，朝羊群走去。走着走着他闻到了股香味儿，他左看右瞧，不知香味儿从哪儿来？他一路小跑，香味儿却不离其后。不多时，他被脚下一条红柳根绊了一下，还没等跌倒，头上的面团儿滑落在地，摔得粉碎。香味儿越来越浓，布满了他的前后左右。吐尔洪随手捡起一块儿碎饼，放进嘴里细细品味，外焦里嫩，香脆可口，非常好吃。吐尔洪一边嚼一边脱下裕袢，把碎饼包起来。羊群他也不管了，飞奔着跑回村里，一路上他见人就送上一块碎饼，人人都说"好吃、好吃、真好吃"……尝到香味儿的牧民兄弟得知来龙去脉后，纷纷效仿，大家聚集在一起，想来想去就叫它"馕"！

但是，在没有太阳的阴天或大雪纷飞的冬天，人们吃不到馕的时候，心里就特别难受。于是，吐尔洪左思右想，就在自家院里挖了一个大坑，四壁用黄泥抹实，在中间烧起红柳根，等炭火通红时，把和好的面团儿贴到四壁上，不一会儿就馕香四溢了。"面香油脆出新炉"的烤馕，味道比太阳光自然晒熟得更好了。

从此，馕就成了吐鲁番人的主食，吐鲁番人离不开馕。在一些场合，馕还表达着特殊含义。比如结婚时，新郎和新娘要吃蘸着盐水的馕，象征着有福同享、白头偕老!

精彩的故事讲完后,班里响起了热烈的掌声。

《唱新疆》课程设计

课程内容:

新疆是个好地方——唱新疆。

学情分析:

通过舞蹈及乐器的音乐实践活动,调动学生的多种感官参与体验,通过歌曲和表演,使学生感受到新疆民族音乐的无限魅力。本节课让学生自己选择表演方式,自由创编,可以唱,可以跳,可以演,可以奏,使学生获得自主发展的空间,充分发挥自己的个性和潜能,最大限度地宣泄和释放内心的情感。

课程设计理念:

在教学中,从欣赏新疆歌舞、走进新疆,到介绍新疆风光和乐器,使学生在观察、实践、体验、领悟等学习过程中,感受新疆音乐的文化内涵,从而使学生加深对新疆的热爱之情。

课程目标:

1. 通过学唱歌曲、表演歌舞,感受歌曲欢快活泼的情绪,体验新疆人民的热情好客,激发学生热爱生活、热爱艺术的情怀,培养学生热爱民族音乐的感情。

2. 扩大学生的眼界,丰富学生的知识,让学生广泛积累舞蹈素材,不断提高自身表演能力。

课程评价实施：

1. 根据课堂表现评选出本节课表现最佳的同学。

2. 评出最佳表演奖。

教学过程：

一、"歌舞之乡"新疆民族音乐歌舞

新疆自古就有"歌舞之乡"的美称，新疆歌舞以动听优美的音乐，绚丽多姿的舞蹈，深刻反映了西北边陲少数民族的独特风情，他们的舞蹈艺术以含蓄、优美、沉稳见长，特别是姿态优美、舒展大方的女性舞蹈，以及刚健奔放的男性舞蹈，使人流连忘返。

民族歌舞产生并流行于民间，受民俗文化的制约，即兴表演风格相对稳定，以自如为主要形式。由于受生存环境、风俗习惯、生活方式、民族性质、文化传统、宗教信仰等因素影响，不同地区的歌舞在素质技巧和风格上存在着明显的差异。

（一）新疆民歌

1. 概述

新疆音乐以维吾尔族民间音乐最享盛名。它继承了古代龟兹乐、高昌乐、伊州乐、疏勒乐和于阗乐的艺术传统，保留着浓厚的民族特色。由于地域的分隔，在长期的历史发展中，新疆各地的维吾尔民间音乐都融注了本地生活的乳汁，形成了风格迥异的几个音乐色彩区，即南疆色彩区、东疆色彩区和刀郎（刀郎地区包括巴楚、麦盖提、阿瓦提县以及麦盖提与莎车县接壤的乡村。"刀郎"是当地人对这片地区的自称）色彩区。南疆色彩区范围较广，内容、形式又因地而异。例如，和田民歌古朴短小，富有乡土气息；喀什民歌节奏复杂，调式丰富；库车民歌热烈活泼，具有鲜明的可舞性，隐隐透露着古龟兹乐舞的遗风。东疆色彩区包括哈密、吐鲁番等地。民间歌曲在结构、调式等方面，都同汉族、蒙古族的民间歌曲有许多近似之处。刀郎色彩区的民歌风格粗犷，保留着古代从事游牧的刀郎人所喜爱的牧歌情调。此外，在伊犁地区，200余年来由南疆、东疆大量迁来的维吾尔人，不可避免地接受了这里多民族文化的影响，形成了带有伊犁地方色彩的维吾尔民间音乐。

2．习俗

按照习惯，在祝贺新生婴儿诞生时要唱"祝诞生歌"；婚礼中要唱一整套的"劝嫁歌""揭面纱"等饶有风趣的"婚礼歌"；亲友离别时要唱"别离歌"；节假日亲朋相聚要相互对唱；亲人去世要唱"送葬歌"。从这个意义上说，哈萨克人的一生都是伴随着歌声度过的。

3．形式

"库夏克""埃提西希""卖达"等为维吾尔人说唱音乐形式。"库夏克"为民间歌谣之意，有些是由简单故事情节构成的歌谣组合，音乐曲调单一，规模较小。其唱词多以男女之间的爱情为内容。"埃提西希"是说唱之意，单人或双人表演，以说为主，间或有少量以热瓦普伴奏的演唱，内容与库夏克大体相同。"卖达"则主要是说书，以历史故事、宗教战争、神话故事为内容，基本上没有唱，表演者绘声绘色，以渲染气氛。维吾尔音乐的鲜明特点还表现在民族乐器的多样性。远在隋唐时期，龟兹等地就盛行五弦琵琶、曲项琵琶、箜篌、笙篥等乐器，并伴随西域音乐而传入中原。维吾尔族民间乐器就是继承古西域乐器的精华并接收中外乐器的影响而发展起来的。其中有弹拨、吹奏、打击乐器等达数十种，主要为都塔尔、弹布尔、扬琴、艾捷克、热瓦普、萨塔尔、唢呐、巴拉曼、笛子和达普（手鼓）、纳格拉等。在表演维吾尔歌舞的场合，人们都能听到都塔尔、热瓦普的清亮柔和的琴声和节奏轻快悦耳的达普的鼓声。

（二）新疆舞

1．特点

我们从今天的新疆舞蹈中可以见到扬眉动目、晃头移颈、拍掌弹指的动作。另外，昂首、挺胸、立腰也是新疆舞蹈的基本造型，能够显示女性婀娜的体态线条。男女成对的表演比较常见，女性的舞姿优美舒展，男性的舞姿矫健有力。

2．刀郎舞

刀郎舞是流行于刀郎地区的维吾尔族舞蹈，是一种男女成对的群舞。其舞蹈动作优美、舒展、矫健、刚劲有力，居维吾尔族民间舞蹈之首。此外，舞伴互相换位、交错、配合默契，又别有一番韵味。舞蹈动作难度较大，随着音乐伴奏速度的逐渐加快，舞蹈进入高潮，人们跳起一种原地快速旋转的动作，至此，已具有一定程度的竞技性，体力不支者逐渐退场。有些人会晕倒在地，坚持至最后者为胜，受到人们的赞扬和喝彩。

3．纳孜尔库姆舞

纳孜尔库姆舞流行于哈密、吐鲁番、鄯善、托克逊等地，是一种由男子表演的单人歌舞，以其诙谐、滑稽的内容、动作和独特的蹲步舞蹈，区别于任何一种维吾尔族民间舞蹈。

二、唱新疆

（一）演唱歌曲《新疆是个好地方》

1．听了新疆小朋友的歌声让我们感受到新疆小朋友唱得真好！老师有个提议，咱们把这首歌学会，再和新疆的小朋友们一起联欢好吗？让我们一起来学唱这首歌曲。先听老师范唱一遍，歌曲里都唱到了什么？这首歌曲表达的情绪是什么？

2. 熟悉了歌曲的旋律，接下来，请大家跟老师小声地试着唱。

3. "乃"字在歌曲中是衬词，要唱得轻巧一点。

4. 表演歌曲。

同学们唱得真开心，我们用接龙游戏演唱一下这首歌，注意游戏规则：黑色字老师来唱，红色字同学们来唱，蓝色字大家一起唱。同学们准备好了吗？

（二）学跳舞蹈

1. 同学们唱得真棒！新疆维吾尔族的民歌很动听，维吾尔族的舞蹈也很有特色，从刚才老师的舞蹈里你们都学会了什么动作？请同学们全体起立，和老师一起学跳新疆舞蹈吧！

2. 同学们学得真快，让我们带上表情在新疆这个美丽的地方，伴着欢快的节奏，舞蹈吧！

（三）介绍乐器

1. 大家跳得真棒！舞蹈我们学会了，请同学们悄悄地看看自己的座位下都有什么，轻轻地拿起来，不要出声。

2. 哪位同学告诉老师，你手里的乐器叫什么？怎么用？

3. 学习乐器的使用。

4. 用乐器为歌曲伴奏。

这节课我们学唱了歌曲《新疆是个好地方》，学跳了新疆舞蹈，还用乐器为这首歌进行了伴奏，现在请同学们用自己喜欢的方式来表演这首歌曲，和新疆小朋友一起联欢吧！老师教同学们一句新疆话，新疆话

"亚克西"的意思就是很好、非常好，我们大家再来说一遍吧!

课程实施掠影

课程实施感悟

葡萄架下唱起来

这节课最后我创设了一个情境"在葡萄架下"，让学生以小组为单位，自己选择表演方式，自由创编，可以唱，可以跳，可以演，可以奏。而我则提供很多道具帮助他们营造气氛，如新疆男孩儿和女孩儿的帽子、葡萄串等。使学生获得自主发展的空间，学生充分发挥自己的个性和潜能，最大限度地宣泄和释放内心的情感，升华了"新疆是个好地方"的主题。

这一过程，学生兴趣盎然，因为学习的主动权交到了他们的手中，他们自己领悟歌曲的重点难点，并加以解决；他们自己评价演唱得好坏与否，并加以改善。但这一环节对老师而言却是极大的挑战，考验着老师的教学机智、应变能力、音乐底蕴，因为各式各样的问题和想法都会从学生的头脑中迸发出来。

在实际表演的过程中发生了这样一件事：很多组的小朋友都特别积极上台表演，在表演了三个组之后，我问："还有谁愿意到前面唱一唱?"很多同学都举起手，第四组有一个平时不怎么爱举手的小女生低低地把手举到了桌子边上，当她发现我看着她的时候又赶忙把手缩了回去。这时，我说："你到前面给大家唱一唱吧。"我心想："她可从来没有到前面唱过歌啊！面对这么多同学会不会难为情呀！"我犹豫了一会儿，走到她前面，伸出手拍拍她的肩，她似乎看出了我的心思，大胆地站了起来。我对她说："唱不好没关系，只要敢上台就是最大的进步。"她终于迈出了第一步，走向讲台。第一次在这么多同学面前唱歌，她越唱越紧张，我和同学们则在下面为她加油，当演唱完时我们把掌声送给了她，这个腼腆的小女生脸上露出了甜甜的笑容。

整堂课的设计能让孩子在快乐中有收获，在收获中有快乐。

版块七：传统课程之河南老家古都篇

《河南老家古都篇之洛阳》课程设计

课程内容：

河南老家古都篇之洛阳。

学情分析：

二年级的学生注意力不集中，活泼好动，兴趣难持久，在课堂上宜采用视频、图画的形式，调动学生的注意力。

学生短时记忆能力强，因此要抓住这一特点，采用多种形式来进行教学。大力鼓励和激励学生，鼓励他们充分发挥自己的想象思维和创造能力，引导他们走进自己的老家河南。

二年级的孩子，已经能够通过文字和图画来展现自己内心的体会，对于说教过多的教学因其理性思维还不完善而不易接受，也不感兴趣；相反，对于直观的、易于表达的学习内容，学习兴趣较高。

课程设计理念：

洛阳，是华夏文明的发源地之一，也是中华民族的发祥地之一。有着5000多年文明史、4000多年的建城史和1500多年的建都史，先后有105位帝王在此定鼎九州。洛阳是国务院首批公布的历史文化名城，也是中部地区重要的工业城市。开发"河南老家之古都——洛阳"这一课是为了让学生更好地了解洛阳，了解洛阳的历史文化，了解洛阳的自然资源，进而引领学生了解河南，了解自己的老家，激发学生对河南老家的热爱。

课程目标：

1. 了解洛阳，知道洛阳在中国历史上的地位。

2. 了解洛阳的名胜古迹、旅游胜地和饮食文化。

3. 了解洛阳的牡丹文化。

课程评价实施：

通过观看视频、查阅图书、动手制作洛阳城市名片，比一比谁做得好。

教学过程：

一、谈话导入，创设情境

1. 同学们，你们都去过河南的哪些地方呢？大家听说过洛阳这个城市吗？你对洛阳有哪些了解呢？今天，我们一起来到洛阳，看看洛阳是个什么样的城市。（幻灯片播放）

2. 洛阳是世界上唯一能号称"国色天香"的古都。5000多年文明史、4000余年建城史，是我国建都最早、建都时间最长、建都朝代最多的千年古都。

多媒体播放洛阳宣传片。

二、分步了解，激发兴趣

（一）介绍洛阳历史文化

1. 下面跟随老师一起来看一看，洛阳到底是一个怎样的城市。

（出示幻灯片）洛阳是中华文化的读本，是华夏文化从萌芽、成长走向繁荣、壮大的中心和象征。据考证，佛教首传于洛阳白马寺。以洛阳学子读书音确定的中原雅音是古代河南的标准话。

2. 洛阳是中华姓氏主根，闽南客家之根。中华民族最早的历史文献"河图洛书"出自洛阳。（小组讨论：你知道的姓氏）（教师介绍）

（二）介绍洛阳景点

1. 洛阳是个你接触得越多、越深，你就越觉得自己知识浅薄的地方。这座古都有着太多的文化积淀，不仅随处可见文物古迹，就连荒山野地中的残垣断壁、碎砖片瓦，说不定都有一段令人荡气回肠的故事。（幻灯片播放龙门石窟、白马寺、白云山、重渡沟等景点）

2. 介绍洛阳自然风光

洛阳目前共有景区162家，其中5A级景区4家，A级以上景区22家。现有白云山国家森林公园、国家牡丹园、7座国家森林公园以及8座省级森林公园。你都去过哪些景点？可以简要介绍一下吗？

3. 介绍洛阳当地美食

四扫尾：依次是"鱼翅插花""金猴探海""开鱿争春""碧波伞丸"。

"八大件"分前五后三，前五为"快三样""五柳鱼""鱼仁""鸡丁""爆鹤脯"，后三为三道甜食。

不翻汤。洛阳不翻汤，已有120多年的历史。用小勺舀一些稀绿豆面糊往平底锅里一倒，即成一张类似春卷的薄片，不用翻个就熟，所以就叫"不翻"。汤酸辣清淡，余味悠长，是洛阳本地人吃夜宵的首选，其特点是味道纯正、酸辣爽口。

洛阳"真不同"水席。洛阳水席制作技艺是"国家级非物质文化遗产"，为我国唯一以整套宴席入选的国家级非遗项目。

4. 介绍洛阳牡丹文化

（出示幻灯片）洛阳牡丹始于隋，盛于唐，甲天下于宋。"天下名园重洛阳""洛阳牡丹甲天下"，牡丹是我国传统名花，花蕾硕大，色泽艳丽，国色天香，自古就有富贵吉祥、繁荣昌盛的寓意，代表着中华民族泱泱大国之风范。

牡丹从隋代落户洛阳西苑后，地脉适宜，开得缤纷美丽、艳冠天下。中国洛阳牡丹文化节（原洛阳牡丹花会）是全国四大名会之一，至2012年洛阳牡丹花会成功举办30届。洛阳牡丹花会已成为全市人民政治、经济、文化生活中的一件大事，已经成为洛阳人民不可或缺的盛大节日，已经成为洛阳发展经济的平台和展示城市形象的窗口，是洛阳走向世界的桥梁和世界了解洛阳的名片。

三、拓展实践，提高认识

1. 小组合作：搜集资料，交流讨论。

2. 走进洛阳文化，绘画自己眼中的洛阳。

四、总结回顾

千年帝都，华夏圣城，文明之源，天下之中；

丝路起点，运河中枢，牡丹花都，山水之城。

五、作业布置

小组合作：通过课外搜集资料、查阅图书，动手制作洛阳城市名片，比一比哪一组做得好。

课程实施掠影

《河南老家古都篇之郑州》课程设计

课程内容：

河南老家古都篇之郑州。

课程设计理念：

郑州是华夏民族和中华文明的重要发源地，有着深厚的历史文化底蕴。郑州是中华人文始祖轩辕黄帝故里，是法家思想和少林武术的主要发源地，也孕育了韩非子、杜甫和白居易等世界文化名人。郑州是唐诗文化的重镇，是杜甫、白居易和李商隐的出生之地，也是诗豪刘禹锡的四代祖居之地和长眠之地。同时郑州又有着明显的时代特征，郑州是我国重要的铁路交通枢纽，有"中国铁路心脏"的美誉。郑州又是河南的政治、经济、文化中心，对河南的发展有着引领作用。开发郑州这一课是为了让学生更好地了解郑州，了解郑州的历史文化，了解郑州的现代化发展，进而引领学生了解河南，了解自己的老家，激发学生对河南老家的热爱。

课程目标：

1．了解郑州的历史文化以及郑州的现代化发展。

2．通过开展实践活动，让学生亲自参与到对郑州的探索中。

3．激发学生了解河南老家的兴趣以及对河南老家的热爱之情。

课程评价实施：

同学之间互相评价，小组互评，邀请部分学生家长和教师一起参与评价。

教学过程：

一、创设情境，谈话导入

1．利用多媒体播放河南宣传片"记忆中原，老家河南"（利用精彩的视频激发学生了解河南老家的兴趣）。

2．这节课我们就来具体了解美丽的郑州。

二、分步了解，激发兴趣

（一）了解郑州的历史文化

1．大家知道我们河南的古都有哪几个吗？

2．其实郑州也是中国有名的八大古都之一，下面我们就来了解一下郑州的历史和文化。

出示多媒体图片，让学生根据图片内容说一说：郑州是哪个朝代的都城？老师进一步讲解郑州的历史。

3. 多媒体出示郑州几个非常有名的历史遗迹（郑州商城遗址和郑韩故城遗址），让学生猜一猜：这些遗迹是哪个朝代的？有了解的学生可以根据自己的了解向大家做介绍，老师做进一步的说明，让学生对郑州的历史有更深的了解。

4. 多媒体出示郑州富有文化底蕴的名景（少林寺、嵩阳书院）。

（二）了解郑州的历史名人

1. 刚才我们了解了郑州的历史文化，下面我们来看一下郑州在历史上出现过哪些有名的诗人。

用多媒体出示杜甫的诗《春夜喜雨》，让学生猜一猜：这首诗是哪位诗人写的？（杜甫）

2. 大家都知道杜甫是唐代著名诗人，写过很多千古传诵的绝句。杜甫在中国古典诗歌中的影响非常深远，被后人称为"诗圣"，他的诗被称为"诗史"。他和著名诗人李白合称"李杜"。

3. 除了杜甫，你知道郑州还有哪些历史名人吗？

4. 了解郑州的现代化发展。（主要从交通方面）

（1）了解了郑州的历史文化和名人，下面我们来看郑州的现代化发展，这是与我们的生活息息相关的。

（2）经过观察我们不难发现，郑州火车站的人特别多，而且都是来自全国各地的人。因为郑州是我国重要的铁路枢纽，被称为"中国铁路心脏"。

（3）除了火车，你们还看到郑州这些年的哪些变化？

（4）高铁是一种更快速的交通工具，它可以缩短旅途上的时间，使我们的出行更加方便。

5．小结：其实只要留心观察不难发现，郑州这几年的变化很大，我们的生活更加便利的同时，文化气息却有所减弱。在发展的同时，我们一定不要忘了传承我国优秀的传统文化，这样城市的发展才更和谐。

三、拓展实践，提高认识

1．用手中的画笔记录郑州的变化，与大家分享。

2．搜集郑州的特产和饮食，与大家分享。

课程实施掠影

《河南老家古都篇之开封》课程设计

课程内容：

河南老家古都篇之开封。

设计理念：

开封已有2700多年的历史，是我国八大古都之一。了解一个城市有助于了解这里的历史文化、风俗民情，帮助学生增长见识。开发开封这一课是为了让学生更好地了解开封，了解开封的历史文化，了解开封的现代化发展，进而引领学生了解河南，了解自己的老家，激发学生对河南老家的热爱。

课程目标：

1. 了解开封所处的地理位置以及古城开封的历史。
2. 了解开封的风俗民情、开封的历史文化。
3. 培养学生热爱家乡以及热爱祖国的思想感情。

课程评价实施：

同学之间互相评价、小组互评，邀请部分学生和教师一起参与评价。

教学过程：

一、导入

有这样一座城市，她离郑州不远，那里有清明上河园、大相国寺，有很多美味小吃，同学们知道是哪个城市吗？对，就是开封。

二、"开封"名字的由来

夏朝自帝杼至帝廑曾在开封一带建都200多年，史称老丘。公元前

8世纪，郑庄公在今开封城南朱仙镇附近修筑储粮仓城，取"启拓封疆"之意，定名启封。西汉初因避汉景帝刘启之名讳，将启封更名为"开封"，这便是"开封"名字的由来。

三、地理位置简介

开封是河南省地级市，简称汴，古称东京、汴京等，为八朝古都之一。位于黄河中下游平原东部，地处河南省中东部，东与商丘相连，西与郑州毗邻，南接许昌和周口，北与新乡隔黄河相望。

四、八朝古都

（一）开封已有2700多年的历史，是首批中国历史文化名城，中国八大古都之一。历史上的开封有着"琪树明霞五凤楼，夷门自古帝王州""汴京富丽天下无"的美称，北宋东京更是当时世界第一大城市。

（二）八朝分别为夏（老丘）、魏国（大梁）、后梁（东都）、后晋（东京）、后汉（东京）、后周（东京）、北宋（东京）、金（南京）。

五、开封文化

在开封，能看到舞狮、盘鼓、高跷、旱船、唢呐等丰富多彩的民间艺术，开封享有"戏曲之乡""木版年画之乡""汴绣之乡""菊花之乡"等美誉。

（一）汴绣

北宋时开封刺绣工艺已发展到相当高的水平。开封云集各地的巧匠绣工，官办的有文绣院，民间的有秀巷。汴绣即在此传统基础上发展起来。近些年开封的汴绣独树一帜，山水人物、楼台花鸟，针线细密，不露边缝，绒彩夺目，丰神宛然，色彩丰富，层次分明，立体感强，成为国内外游人必买的佳品。

(二) 曲艺

豫剧，又名河南梆子、河南高调，祥符调是豫剧的一支重要流派。明末清初，陕西人来汴经商定居，其家乡戏秦腔也随之传入，并与地方戏曲汴梁腔、梆子秧腔、女儿腔以及镇南技、山坡羊、打枣杆等民歌长期融合而逐步形成豫剧祥符调。唱、念俱用标准的汴梁音韵，发音多假嗓，音域属上五音。

(三) 民俗

庙会、灯会、鸟市、花市、夜市、风筝、斗鸡、盘鼓。

六、开封饮食

传统名菜：开封灌汤包、鲤鱼焙面、套四宝、清汤东坡肉、白扒豆腐、卤煮黄香管、炸八块、一鸭三吃、蒸羊等。

七、开封景点

清明上河园、龙亭公园、宋都御街、开封府、铁塔、大相国寺、包公祠、延庆观、禹王台等。

八、小结

开封是一座历史悠久的城市，那里有美丽的景观、美味的小吃，写出或画出你感受到的开封文化吧！

课程实施掠影

版块八：传统课程之有趣的几何图形

《有趣的几何图形》课程设计

课程内容：

有趣的几何图形。

学情分析：

在学习本节课内容时，学生已经学了正方形、长方形、三角形的特点，能区分图形，但是学生对于怎样有规律地设计图案还掌握得不是太好，只是把学过的图形随意地堆积起来，而没有意识到什么是有规律的图形，更不清楚什么是有规律的颜色。另外，由于学生年幼，涂出的颜色并不均匀。

课程设计理念：

基于学生以上的学习情况，在这节课上，首先我们需要给学生一个榜样，让学生分析这美丽而复杂的几何图案是简单的几何图形通过旋转、平移等方式得来的，让学生学会使用工具来设计几何图案，比如说：尺子。在学生认识了设计规律，有了一定的审美能力之后再动手设计，既调动了学生的积极性，又让每个学生能参与到课堂以及生活的设计当中，体验图形在现实生活中的应用。画画还能培养学生的耐心和意志力。

课程目标：

1. 通过图案的欣赏与设计，发现实例的设计方法和过程，总结规律，学会设计方法。

2. 通过欣赏与设计图案，让学生感受图形美，发展学生空间想象能力和审美意识，培养创新意识。

3. 在点子图上设计美丽的几何图案，体会几何图案的应用。

课程评价实施：

评出"最佳设计奖""色彩鲜艳奖"，并进行展示。

教学设计：

一、课前准备阶段

课余时间自主调查："生活中哪些地方有我们学过的图形？将生活中的这些图形拍成图片带来学校。"

二、复习导入

（一）复习已学图形及其特点

我们学过的图形有什么？你能说出它们的特点吗？（随着学生的回答，教师逐步完成板书）

名称	长方形	正方形	平行四边形	三角形
边	四条边 对边相等	四条边 都相等	四条边 对边相等	三条边
角	四个角 都是直角	四个角 都是直角	四个角 对角相等	三个角

（二）说说这些图形出现在生活中的哪些地方

这些图形在我们生活中无处不见，经过这几天的观察以及收集，你们发现哪些地方有我们学过的图形？谁愿意给我们展示自己的发现？

1. 请一两名学生给全班同学展示自己所带来的图片，并介绍其中有哪些我们学过的图形，它们组成了什么样的图案。

2. 以小组为单位相互交流自己带来的图片，都有什么图形，组成了什么图案。

同学们发现了用这些图形可以组成这么多美丽的图案，今天我们就利用这些图形学习"欣赏与设计"。

三、探索发现，学以致用

(一)欣赏图片，寻找图案规律

欣赏完你们自己带来的图片后，我们一起看看老师给你们带来了什么？

1. 课件分别出示教材第71页的图案，并让学生说说每幅图案由什么图形组成。

2. 观察讨论：这些图案都有什么特点？这些图案是如何设计的？

小结：相同的图形涂相同的颜色，按一定的规律涂色，将这些图形有规律地排列可以组成一幅精美的图案。

(二)运用规律，设计图案

欣赏完这么多漂亮的图案，你们想不想当设计师，设计一幅美丽的图案装点我们的生活？

活动一：用一种图形设计图案

1. 要求

(1) 只能用一种图形去设计。

(2) 设计前先想清楚设计什么形状的图案。

(3) 这些图形该怎么排列?

(4) 想好后设计在数学书上和 71 页方格纸中。先用铅笔和直尺画出有规律的形状,然后有规律地涂色。(让学生按照自己的意愿去设计、涂色,教师巡视鼓励学生设计独特的图案)

2. 展示作品并分析图案

让学生大胆地展示自己的作品,并讲一讲自己是怎么设计的。(教师根据巡视结果说一些在线条、涂色方面需要学生注意的地方。例如:用直尺设计更美观,涂色要均匀等)

活动二:用多种图形设计图案

1. 学生用学过的多种图形,在老师准备的点子图上组合成一幅漂亮的图案。

(让学生按照自己的意愿去设计、涂色,教师巡视、鼓励学生设计独特的图案)

2. 展示作品并评奖。

(1) 组内先评:选出组内最优秀的一幅作品,上台展示并说说用了什么图形设计,设计方法是什么。

(2) 班内互评:将各个小组中最优秀的作品展示在黑板上,全班学生举手表决,评选出"最佳设计奖""最佳创作奖""色彩鲜艳奖""态度认真奖"。

四、图形在生活中的应用

同学们的图案可以用在很多地方,就像设计师,把我们的生活变得更美好。在我们生活中还有一些人,发挥聪明才智精心设计了更美的图案,看,就是这些。(欣赏图片,如:地板砖花纹、衣服图案、被单图案、

瓷器图案）

五、总结并颁发奖项

今天，这节课我们一起欣赏了图形的美，感受了美，并用双手创造了美。老师希望大家在今后的生活中，不仅能画出美丽的图案，还能够用美的语言、美的行为和美的心灵去装点我们的生活！

课程实施掠影

课程实施感悟

应用意识让数学灿烂多彩

根据以往的经验,每次讲解到北师大版二年级下册第73页的内容"欣赏与设计",由于时间的关系,学生都感觉意犹未尽,老师也没有办法用更多的时间去引导学生。有了主题课程以后,我就想能不能把这节课设计成主题课程,让它和美术结合,利用整块时间让学生充分发挥,老师也有时间指导。这节课虽然设计为主题课程,融入了美术课的特点,但是它的专业性还是非常强的。另外,学生设计图案、涂色都是很花费时间的。因此,我把这节课设计为一整天的时间。上午由数学老师给每个班讲解,下午利用主题课程的大块时间让学生设计,教师随时指导。

《义务教育数学课程标准(2011年版)》在课程目标中指出:要使学生"初步学会从数学的角度发现问题和提出问题,综合运用数学知识解决简单的实际问题,增强应用意识,提高实践能力"。本节课的应用意识体现在两个方面:一、课前,让学生在生活中找一找我们学过的图形,并说说它们都运用到了什么地方,让学生感受"数学来源于生活",现实生活中处处有数学,数学就在我们的身边。现实生活中蕴藏着大量关于图形的问题,我们只是缺乏一双善于观察的眼睛。二、课后,这节课快要结束的时候,给学生展示的几幅图就是生活中和同学们息息相关的一些物品——衣服、妈妈的包和高跟鞋、陶罐等,让学生感受到"数学应用到生活中去",应用意识在这里得到了更好的诠释。

更为巧妙的一个设计就是：在学生设计展示完时，我问他们，你们的设计将来想用到什么上面呢？学生在学会了各种图形的特点以后，他们可能会思考：这些图形有什么作用呢？本节课很好地诠释了这个问题，学生全程参与了本次课程，又动手动脑设计涂色，当然会有很多的憧憬。等他们慢慢长大，接触了更多更深的知识，本节课留给他们的就是遇到生活中难以解决的问题时：我们要主动地利用我们所学的知识解决遇到的难题。

这就是本节课在培养学生应用意识方面的一些感悟：应用意识是贯穿整个数学教育全过程的，课堂上每一个教育环节都应注重应用意识的培养。应用意识让数学绽放出绚烂多彩的花，我会为培养学生的应用意识继续努力。

版块九：传统课程之有趣的冰糕棍儿

《挑冰糕棍儿》课程设计

课程内容：

挑冰糕棍儿。

学情分析：

小学低年级的学生动手能力较弱，耐心不足，注意力不集中，因此，我们从学生身边的事物入手，引起学生的兴趣。让学生动手玩游戏——挑冰糕棍儿，培养其动手能力。通过挑战游戏培养学生的耐心、注意力、观察能力，感受传统游戏的乐趣，成功挑战游戏有助于培养学生的自信心。另外，部分学生的规则意识不强，通过让学生玩游戏可以提高规则意识。

课程设计理念：

本节课融合了道德与法治课程，让学生了解乱扔冰糕棍儿是一种污染环境的行为，培养学生的环保意识。冰糕棍儿对学生来说是再熟悉不过了，但学生一般不会留意。单从收集冰糕棍儿来说，平时被随意丢弃的冰糕棍儿，这时就变成了他们的宝贝，这也在无意中激发了学生变废为宝的欲望。本节课还融合了语文课的特点，让学生说一说通过游戏有什么感受，可以锻炼学生的语言表达能力。

课程目标：

1. 培养学生的手眼协调能力和手指灵活性。

2. 锻炼学生的耐心与观察能力。

3. 感受民间游戏的乐趣。

课程评价实施：

评出"最会玩"者。

教学过程：

一、冰糕棍儿简介

同学们，夏天到了，在炎炎的夏日里，冰激凌、冰糕是我们最喜欢的食物了，但是我们吃完冰糕后，如何处理剩下的冰糕棍儿呢？

课件出示：地上随处乱扔的冰糕棍儿图片（有的被随地扔在了地上，有的被扔进了垃圾桶里）。随地乱扔既污染了环境，还给垃圾清理工作带来了难题，那我们如何更好地处理被我们丢弃的这些冰糕棍儿呢？

二、传统游戏——挑冰糕棍儿介绍

挑冰糕棍儿是济南民间传统游戏，这个游戏可以锻炼小朋友的注意力、观察力、判断力和分析能力，并增加手眼协调能力和手指灵活性，有助于智力开发。

三、讲解游戏规则

1.介绍游戏规则：先把冰糕棍儿整理好，整齐地置于手心，轻轻地撒开。先取一根冰糕棍儿，然后再用这个冰糕棍儿去挑另外的冰糕棍儿，直到挑完为止，但是不能让还未被挑的冰糕棍儿移动位置，不然就换另一人玩；挑完所有的冰糕棍儿后，数一数，谁挑的冰糕棍儿多，谁就赢，游戏重新开始。

2．介绍游戏技巧：在挑的过程中，要先看哪根冰糕棍儿最好挑。挑冰糕棍儿的时候，不能移动其他冰糕棍儿的位置，假如移动位置，就要换另一个人玩。

3．请个别学生示范游戏玩法，使学生更清楚游戏规则。

四、分组游戏

1．学生每四人一组，用石头剪刀布的方式决定谁先玩。

2．学生分组游戏，教师巡回指导。不断提醒学生仔细观察，不要急躁。

3．游戏重复3次。

五、游戏拓展——制作劲爆冰糕棍儿炸弹

看大家玩得这么开心，再给大家介绍一个冰糕棍儿的游戏——"劲爆冰糕棍儿炸弹"。除坚固之外，扁平细长的冰糕棍儿还有着不错的弹性，所以我们可以利用这一点，用它制作一个"炸弹"！

制作方法：

1．两根冰糕棍儿交叉在一起，然后依次向后叠加相交。

2．其中一根冰糕棍儿上拴上绳子，这就是"引信"。

3．然后一拉"引信"。

六、课堂小结

同学们，你们玩得开心吗？今天你们表现得都非常好，能够通过耐心和细致的观察赢得胜利，老师真为你们感到高兴。回去后你们也可以把这个好玩的游戏介绍给你们的好朋友。

本节课你们有什么收获呢？

课程实施掠影

课程实施感悟

规则意识成就素质教育

俗话说：无规矩不成方圆。这学期最大的感触就是学生的规则意识淡薄。经常会听见老师跟我"吐槽"说：学生"不会吃饭""不会上厕所""不会听课""不会写作业"……诸如此类的事情不胜枚举。难道真的是学生们不会做这些事情吗？并不是的。他们也会把饭吃到嘴里，也知道有了尿意要上厕所不能尿在裤子里，也知道上课要听讲，也知道不写作业会被老师批评……

那么，问题来了，什么是"不会"？生活老师抖着手，无奈地说："他们是会把饭吃嘴里，可是不光吃嘴里了，还吃得桌子上、身上到处都是。吃完饭，把碗扔到了水池里，溅了别人一身水。他们也并不是不去厕所小便，那些男孩子，到了厕所，不注意，完全没有尿到小便池里，而是尿了一地，一到夏天男厕所都不能进。"任课老师提起学生来感触最深的就是："一部分学生不会听讲，上一节课要费很大的劲维持纪律，也并不是他们不能把题做对，而是作业字体潦草，卷面脏乱。"

听了这样的"吐槽"，说到底还是学生的规则意识淡薄。究其原因：一、在家是"小皇帝"，孩子说一家长不敢说二，如此，养成了学生天不怕地不怕的性格，在孩子心里没有规则可言。他们不知道吃饭不能掉饭粒，小便要尿到小便池里，还要冲水保持卫生。不知道上课说话是违反了课堂纪律，不知道写作业干干净净能让批改和阅读的人身心愉悦。二、自私，不会为他人考虑。没有规则意识的孩子不会为自己的行为感到羞耻，不会考虑自己的行为会为他人带来不便。因此，在课程整合中，我们设计了很多游戏。不遵守游戏规则就不能玩游戏，通过玩游戏可以建立孩子的规则意识。未来的世界是这些孩子的，让他们建立规则意识有助于他们更好地融入群体，融入社会。

《冰糕棍儿相框》课程设计

课程内容：

制作冰糕棍儿相框。

学情分析：

年龄越小的学生往往对新鲜的事物兴趣越浓，为了不使学生对冰糕棍儿的兴趣下降，我们让学生在上一节课的基础上用冰糕棍儿创新玩法，发展学生的创新意识。小学低年级学生的特点是动手能力较弱，创新意识不足。用冰糕棍儿制作相框，制作过程非常简单，能让学生感受变废为宝的乐趣，体会制作成功的喜悦。

课程设计理念：

本节课融合了美术课的手工制作和道德与法治课的内容，冰糕棍儿对学生来说是再熟悉不过了，但学生一般不会太留意，单从收集冰糕棍儿来说，平时被随意丢弃的冰糕棍儿，这时就变成了他们的宝贝，这也在无意中激发了学生变废为宝的欲望，有助于提高学生的环保意识。

课程目标：

1．学会制作冰糕棍儿相框的方法。

2．培养学生耐心、细心的习惯。

3．体会简单手工制作成功的喜悦。

课程评价实施：

评出"最优秀"的作品。

教学过程：

一、欣赏美丽的图片

我们了解到冰糕棍儿如果多了也和一次性筷子一样对环境有污染。我们发现搜集冰糕棍儿可以做很多的事情。上节课，大家玩了挑冰糕棍儿的游戏，那么，请大家想一想，冰糕棍儿还能做什么呢？请大家再看几幅图片，大家可要仔细观察哟！（出示冰糕棍儿工艺品图片）欣赏完这几幅图片，你们有什么感受呢？

其实，只要我们开动脑筋，动动手，就能将这些不起眼的冰糕棍儿变成一件件实用、精美的工艺品。这节课，我们就一起来用冰糕棍儿制作一个相框。瞧，这是老师课前制作的一个相框，怎么样？你们喜欢吗？

二、探究学习

同学们仔细观察，这相框由几部分组成？需要用到哪些材料？什么形状的，还可以做成什么形状？

三、示范制作过程（观看视频）

（一）材料工具：冰糕棍儿、白乳胶、剪刀、彩色纸、硬纸、相片

（二）制作过程

1. 准备6根较规则的冰糕棍儿。

2. 粘贴主框架。（注意粘贴处要涂胶压紧）

3. 剪贴小装饰物。

4. 粘贴主框架和装饰后，在反面衬一张硬纸。（注意粘贴处要涂胶压紧）

5. 把你准备好的照片从两片之间插进去。

四、讨论制作，合作加工

看完老师的介绍方法后，你们是不是也想亲自动手做一做？不过，在你们动手之前先看友情提示。

（一）友情提示

制作时，大家要静静地、细心地制作，特别是在使用剪刀时要注意安全，别把手弄破；多余的材料记得放进我们的回收篓内，保持环境卫生。

（二）开始活动

1. 老师适当指导，发现问题及时纠正。

2. 老师看到大多数同学都已经完成，组织参观作品。

五、展示、评价

（一）把做好的冰棒棍相框展示给大家，说说你们的创意与想法。

（二）其他学生对作品进行评价。

六、课堂总结

同学们，生活中废弃的物品还有很多，只要我们有双善于发现美的眼睛，就会把世界装扮得五彩缤纷。我相信，只要我们肯动脑筋，用我们灵巧的双手，一定会让生活中少一些污染，多一些美好！

上完这节课，你有什么想说的吗？

课程实施掠影

课程实施感悟

小制作，大智慧

这节课是《有趣的冰糕棍儿》系列课程的第二节课，前两天刚好是母亲节，让同学们通过自己的小手亲手为妈妈准备一个小礼物，似乎是每个学校甚至是幼儿园老师都会设计的课程，但大多数老师都是让孩子们制作一个贺卡，没有新意。我们设计的课程是让学生把冰糕棍儿变废为宝制作成相框，让学生和家长一起记录美好的瞬间。虽然是一个小小的创意，但是学生似乎给了我一个大大的惊喜。

孩子的创新意识是老师要保护、培养的，尤其是年龄小的孩子。学生们通过学习能学到很多知识，积累很多的技能，如何让他们把自己的知识技能发挥出来，就需要老师给他们一个平台来展示自己。这节课废物利用就是给他们一个创新的平台，他们不负所望，给了老师一个大大的惊喜。

孩子们利用手里能利用的装饰材料，例如用水彩笔、小装饰等小物品制作出来"奢华"的相框。孩子们把身边能找到的、想到的装饰物品都带到学校。孩子们审美独特，用他们感受到的、想到的美的搭配，用他们自己的小手创造性地制作出了一个个独特的相框。我相信，这个迟到的母亲节礼物能让妈妈们开心好多天。

《冰糕棍儿拼图》课程设计

课程内容：

制作冰糕棍儿拼图。

学情分析：

每个阶段的学生都会有勇于挑战的心理，他们敢于接受新鲜事物，敢于挑战，特别热衷于和同学之间进行比拼。这节课不光可以让学生动手制作，还能让学生动脑筋去拼图，最后还可以进行比赛。正是基于学生这样的心理特点，在前两节课的基础上，老师再次开发有趣的冰糕棍儿课程，用冰糕棍儿创新玩法，让学生制作冰糕棍儿拼图，使学生有更加浓厚的兴趣。在培养学生动手能力的同时，还能锻炼学生的逻辑思维能力。

课程目标：

1. 学会制作冰糕棍儿拼图的方法。

2. 体会游戏的乐趣，勇于接受挑战。

3. 体会成功挑战游戏的喜悦，培养学生的信心。

课程评价实施：

认真听讲，制作认真，能和他人分享，在荣誉护照上加盖印章。

教学过程：

一、导入

关于冰糕棍儿，我们已经玩了两节课了。你觉得这节课，我们还能利用冰糕棍儿做些什么呢？

你们的想象力真不错，不过今天，老师要带领大家制作一个更好玩的，想知道是什么吗？（出示课件）就是冰糕棍儿拼图。今天制作的是一个玩具，做完以后大家还可以玩一玩。那么，我们就开始制作吧！

二、教师示范制作过程

1. 手工材料：稍大一些的图片、冰糕棍儿、胶水、美工刀或者小刀、钟表。

2．制作：

（1）把冰糕棍儿排成一排。

（2）用胶水把准备好的卡通图片粘上去。（注意粘贴处要涂胶压紧）

（3）稍等一会儿，等干了以后拿小刀在冰糕棍儿之间割开图片。（卡通人物形状不限）

三、讨论制作，合作加工

看完老师的介绍方法后，你们是不是也想亲自动手做一做？不过，我们还是来看一下要求：

（一）要求

制作时，大家要静静地、细心地制作，特别是在使用剪刀时要注意安全，别把手弄破；多余的材料记得放进回收篓内，保持环境卫生。

（二）每人制作一个拼图

1. 每个同学制作一个卡通拼图。教师一同参与，要注意到后面几组的同学，适当指导，发现问题及时纠正。

2. 老师看到大多数同学都已经完成，就可以进行下一步。

四、玩拼图，比一比看谁完成得快

1. 小组合作，每个人试玩自己的拼图。

2. 计时，和同学比一比看谁先完成拼图。

3. 和同学交换拼图，再比比看谁拼得快。

五、课堂总结

同学们，你有什么收获？说一说你的感受吧！

课程实施掠影

课程实施感悟

兴趣是最好的老师

可以说，兴趣是学习能力中最充沛、最快乐、最轻松、最美好、最活泼的品质。在兴趣的引导下，你会精神振奋、思维活跃、目标专一、不知疲倦地执着追求。根据我们的研究，如果一个人对他所学习的科目有兴趣，那么，他的学习积极性就非常高，能发挥他全部力量的70%～80%；反之，积极性就会很低，只能发挥他全部力量的20%～30%。

大家都知道兴趣是最好的老师。我也一直致力于把激发学生的兴趣作为课程设计的主要目标。本课程是按照老师提出目标——出示制作步骤——学生自主探索制作——合作游戏这样的主线来设计的。在明白了本课程的目标以后，学生在自主探索制作和合作游戏这两个环节兴趣高涨，不用老师组织就能全员参与（包括平时的后进生）。因为在课程的前两个环节学生明白自己将要做的事情后，激起了学习的兴趣，形成了学习的动力。因此，学生才能全程全员参与，在无形之中实现了学习的目标。

这样的课程，无疑是最受学生欢迎的。每天放学之前都会有学生问：老师，明天我们拿冰糕棍儿干什么？看着他们一张张期待的小脸，顿时觉得我花费时间精心设计课程、制作课件都值得了。兴趣是最好的老师，是学生学习动力的源泉，每个老师的每节课都应该致力于激发学生兴趣，提高学习的动力，让学生开心地学、主动地学。

《冰糕棍儿童画》课程设计

课程内容：

制作冰糕棍儿小人儿并据此编一个故事。

学情分析：

小学低年级学生语言组织能力较差，创新意识不足。基于这样的特点，我们依然可以从学生身边的事物入手，引起学生的兴趣，让学生在前几节课的基础上用冰糕棍儿创新玩法，让学生用冰糕棍儿制作动画小人儿，并给自己制作的小人儿创作一个故事，讲给大家听。在培养学生创新意识的同时，还能发展学生的语言组织能力，使学生学习兴趣更加浓厚，培养学生的自信心。

课程目标：

1．学会制作冰糕棍儿小人儿的方法。

2．通过创编故事，培养学生的创新意识。

3．培养与他人合作交流的意识。

课程评价实施：

评出最优秀的作品。

教学过程：

一、欣赏图片，提出要求

关于冰糕棍儿，我们已经玩了三节课了。那么，请大家想一想，冰糕棍儿还能做什么呢？这节课，我们有一个特别的任务。

（出示冰糕棍儿小人儿图片）如果你喜欢绘画，可以看看这位手绘达人在冰糕棍儿上作的画。我们今天就来学习制作这些小人儿，这节课你们有一个特殊的任务，给你制作的小人儿编一个故事，然后讲给全班同学听。怎么样？敢不敢挑战？没关系，如果你一个人做不了，那么，就小组之间进行合作，一定会非常棒的。

二、教师示范制作过程

1．手工材料：冰糕棍儿、胶水、可爱的卡通人物、剪刀、卡纸。

2．制作：

（1）准备一张卡纸。

（2）用胶水把冰糕棍儿粘在卡纸上。（注意粘贴处要涂胶压紧）

(3) 取出卡通人物沿边剪掉。(卡通人物形状不限)

(4) 然后把剪好的卡通人物贴上去。(注意粘贴处要涂胶压紧)

(5) 最后把卡通人物一个个剪下来。当然也可以用自己画的小人儿或动物。

三、讨论制作，合作加工

看完老师介绍的方法后，你们是不是也想亲自动手做一做？别急，我们先来看一下要求。

(一) 要求

制作时，大家要静静地、细心地制作，特别是在使用剪刀时要注意安全，别把手弄破；多余的材料记得放进回收篓内，保持环境卫生。

(二) 分组活动

1. 分组合作，每个同学制作一个卡通人物（节省时间）。教师一同参与，要注意到后面几组的同学，适当指导，发现问题及时纠正。

2. 老师看到大多数同学都已经完成，便让学生进行故事创编。

四、小组合作，创作故事

(一) 小组合作，在作业纸上写出你们小组的故事脚本。

故事发生在什么时间、什么地点，发生了什么事情，他们都是怎么说话的？

(二) 小组分角色表演你们创作的故事，在全班进行展示。

五、课堂总结

同学们，我们已经进行了一周时间的冰糕棍儿课程，在这些课程中，你印象最深的是哪节课？你有什么收获？说一说你的感受吧！

课程实施掠影

课程实施感悟

创编故事，好处多多

创编童话故事对于二年级学生来说并不陌生，在语文课上他们已经接触到此类的训练，例如看图写话、给童话故事续写结局等。根据此类学习经验，我想到了让学生为自己的冰糕棍儿小人儿创编童话故事，这是对他们的又一次挑战。

让学生创编故事，好处多多：

1. 激发学生早期阅读的兴趣。由于是自己创编故事情节，孩子能很自信地和你分享故事内容，表达对故事的理解，这将进一步激发他们的阅读兴趣。2.培养语言表达能力。编故事，孩子需要根据内容使用恰当的语气、句式来叙述。也许他说得并不规范，也许不合逻辑，但正因为敢大胆表达，孩子的语言能力会有极大的提升。3.锻炼逻辑思维能力。一个比较完整的故事往往需要开头、中间、结尾等基本情节，以及故事前后相关联，孩子在创编的过程中，逻辑思维能力得到了锻炼。4.激发无限的想象力。故事的演进是对思维和想象的大考验，需要充分发挥想象力。

在编故事的过程中，我并没有给孩子设置太多的限制，允许并鼓励他们创编自己的故事，允许他们的思维天马行空。但是，本节课唯一的遗憾就是时间不太够，学生的思维没有得到最大的发挥，很多孩子到下课的时候故事都还没有编完。唯一值得庆幸的是，很多初具雏形的故事情节已经非常清晰，如果再给他们充足的时间，应该会发现孩子惊人的想象力和创造力。

版块十：传统课程之历史人物故事

《历史人物故事》课程设计

课程内容：

历史人物故事。

学情分析：

从学生的心理特点与认知程度来看，小学二年级的学生在这个年龄段对历史了解较少，只知道我国历史源远流长，文化积淀丰厚，有了追溯历史、了解过去的愿望；历史名人的故事能对学生产生榜样的作用。基于以上两点心理需求，学生对"伟大的历史人物"这个话题的交流欲望比较强烈。

课程设计理念：

让学生感受伟大的历史人物为历史与现实所做出的巨大贡献，从历史人物成功的故事中，感受他们伟大的精神力量、个人魅力，产生崇敬感和向他们学习的热情。

课程目标：

1. 了解我国历史上的一些杰出人物，了解祖国灿烂的文化。

2. 欣赏古代人民的聪明才智，挖掘历史人物、历史故事中的积极因素，分析对现实生活的影响，形成积极向上的生活态度。

3．学会思考、收集、分析和整理的方法。

课程评价实施：

借助学校常规指南等表格，各科教师对学生进行持之以恒的要求、训练、检查、评价。

教学过程：

一、课前探究，初步感悟

学生在教师的指导下对自己喜欢的历史名人进行研究（从生平、经历、一生的成就、对时代的影响及其作品或小故事等各个方面去研究），并能筛选整理出有价值的文字信息，部分学生甚至能对历史人物进行简单的客观评价。

研究途径：图书、报刊、影视、网络、朋友等。

二、课中体验，深化感悟

(一) 导入话题，关注名人世界

前一阶段，我们学习了第六单元"历史人物故事篇"，老师了解到，每个同学的心中都会有崇拜的人。今天我们就来说说你最崇拜的历史人物是谁。

在中国5000多年的历史长河中，涌现出了许多杰出的人物，有文人将相、书法名家、发明之星、爱国英雄、医学圣人等，他们的努力，共同推动了历史的发展，国家的进步。我们把这些历史上的优秀人物称为"历史名人"。

(二) 合作学习，体验名人精神

1．名人名字大家说

课前，同学们都非常积极地去了解自己喜欢的历史名人，你了解的是

哪一位？把他的名字告诉小组的伙伴，集体交流。（能用一两句话简单介绍一下名人）

每个同学都去研究了，老师也了解了一部分历史名人，还带来了一些图片，也许能帮助你们更多、更好地认识历史名人。（教师播放课件，师生共同欣赏，教师随机解说）

2．名人分类了解

认识了这么多名人，如果我们把有共同点的历史名人组合在一起，那一定很有趣。（教师课件展示几个分类方法，以便学生借鉴）。各学习小组把搜集到的历史名人进行分类，然后交流并说明分类理由。

3．名人故事细细讲

同学们，这么多的历史名人，他们的成就令人佩服，其实发生在他们身上的一些故事、一些经历，更能体现出他们身上具有的美好品质，也更能震撼世代子孙的心灵。

小组内交流，选出比较好的参加全班交流，师生互动评论。

（三）深化感悟，受到名人影响

听了他们的故事，你想对哪位名人说点什么？或你从他们身上受到什么启发？

（四）做名人档案

从你们的话语中，我听到了你们的心声，老师也经常读历史名人的故事，我觉得他们才是我的榜样。其中，我最崇拜的就是孔子，我还为他制作了一张档案呢。你们想不想也动手为心中的历史名人制作一张档案？利用手中的卡纸来做一做，写一写。

展示两名同学的作品。

三、课后践行，内化感悟

历史名人宛若灿烂的明星。课下，我们可以把制作的档案装订成一本"历史名人档案册"，坚持读他们的故事，让名人的故事指引着我们，激励着我们健康成长，不断进步！

课程实施掠影

课程实施感悟

"小博士"孙之元

我们班的孙之元，爱看书是出了名的。他看的书又多又杂，课堂上经常和大家分享他看到的知识和他独特的见解,同学们都称他为"小博士"。

这次主题课程是了解历史人物故事,老师觉得对于二年级的孩子来说,历史人物应该了解得不多,还是有一定难度的。孩子们课前要搜集整理资料,并把搜集的名人故事讲给大家听。但在小组交流时,孙之元这一小组的组员向老师求助:孙之元说一个孩子搜集的资料有问题,而这个孩子说自己在网上搜集的资料不可能有问题,于是争吵了起来。

老师帮助他们解决了纷争,对孙之元能发现问题惊奇不已,追问了才明白,都是孙之元书看得多才能发现问题。"小博士"孙之元又一次声名远播。

版块十一：传统课程之争做节约小卫士

《珍惜资源，学会节约》课程设计

课程内容：

珍惜资源，学会节约。

学情分析：

1. 低年级学生对浪费水的概念模糊，节约用水的意识淡薄，所以在日常生活中浪费了水资源却不自知。

2. 由于生活水平的提高和对教育重视程度的提高，家长对孩子的学习需求是全力满足，而大部分孩子没有意识到纸张和环保有何必然的联系，在使用纸张的过程中普遍存在浪费的现象。针对这一现象，唤起学生节约用纸的意识，在对纸张需求量越来越大和环境问题日趋严峻的今天显得尤为重要。

3. 现如今生活条件越来越好，我们可选择的饮食种类越来越多，孩子们零食不离手。吃饭时出现挑食情况屡见不鲜，吃不完的米面蔬菜被倒入垃圾桶造成了浪费。

课程设计理念：

二年级学生经过一年的小学阶段学习之后，对学校的行为要求及课堂常规渐渐熟悉，但在日常生活中还保持着在家里的一些行为习惯，如餐前便后洗手时水龙头开至最大，浪费水资源；写作业时一页纸上空白的地方比写字的地方还多，演草纸也是随便写写就翻到下一张；在家里和学校都出现挑食和浪费食物的情况。因此，本次课堂结合学生日常生活中的实际情况，有针对性地进行教育。

课程目标：

1. 了解水、树木、粮食资源的分布情况，意识到这些资源的稀少及珍贵。

2. 积极地参与小组讨论，列举身边浪费资源的现象并发表自己的看法，提出解决资源浪费的方案。

3. 做到自我节约并监督身边的同学及家人不要浪费。

课程评价实施：

荣誉护照盖章。

教学过程：

一、导入

1. 以小鲸鱼的卡通形象为第一人称介绍水的重要性，给学生展示各种水的图片。

2. 继续以小鲸鱼的口吻介绍水资源的分布情况，告诉学生世界上水资源极为丰富，但可供人类使用的淡水却十分稀少，引导出本节课的主题内容水资源的珍贵。

二、图片展示并讨论

1. 出示图片，向学生讲解水资源的日常应用，使学生了解水的多方面用途。

2. 出示图片及故事，引导学生观察并说出其内容，并指出这种现象是错误的。小组进行讨论，讨论身边还有哪些浪费水的现象，并与全班同学分享。

三、视频展示并讨论

1．请学生欣赏节水公益广告，了解节约用水的一些方法。

2．欣赏过视频后，以小组为单位讨论并分享节水妙招，并与全班同学分享。

四、节水小卫士评选

1．教师提问：谁是班上做得最好的同学？请同学推荐日常生活中有节约用水习惯的同学，并提出表扬。

2．小组内评选出一位节水小卫士来监督组员在校期间是否有浪费水的现象。小卫士每周一换（车轮式）。

课程实施掠影

课程实施感悟

勤俭节约

勤俭节约是我们的传家宝,许多老一辈无产阶级革命家和模范人物都是我们学习的榜样:毛泽东主席所有衣服中竟没有一件不打补丁的;周恩来总理的睡衣穿了几十年,破了就补,补了又补,直到烂了,没法再补,就把整个背部换掉也不肯买件新的;雷锋,脸盆用得油漆都落光了也舍不得丢掉。改革开放使我国的经济建设取得了巨大成就,生活条件变得越来越好,但我们的资源不是取之不尽、用之不竭的。

在课堂上我对学生们说:"孩子们,你们听说过'一粥一饭,当思来之不易;半丝半缕,恒念物力维艰'这句话吗?勤俭节约是我们中华民族的传统美德,即使到今天,我们也不能铺张浪费!"要使学生懂得节约,养成节约的好习惯,苦口婆心地劝阻和说教是收效甚微的。在节约这个问题上,我采用了摆事实的方式,出示图片和视频让学生们直观地了解我国的资源分布状况及浪费的现象。比如我在讲关于节约粮食的主题时,展示了一组同学们在食堂用餐时的图片,剩饭剩菜,挑食的场景一幕幕再现。学生们自己就感受到这样的行为实在是太浪费了。在讲节约用水的主题时,让学生们分享平时经常遇见的浪费水资源的现象。我给学生们出示了一组数据,让学生们知道如果每天每个人都没有节制地浪费水,一个城市、一个地区、一个国家乃至全球会浪费多少水。在第四课时,我让学生们制作了节约告示牌,制作完成后张贴在学校和家里醒目的位置,如节约粮食的告示牌就贴在食堂，节约用水的告示牌就贴在水池边等。如此一来，学生们节约的意识就会更为强烈。

通过本次主题课程，我看到了更多的孩子有了节约的意识，甚至有孩子改掉了挑食的坏习惯，令我十分欣慰。家长与学校的配合也促进了儿童良好行为习惯的养成。

主题四：家长课程

让家长走进我们的课程，既是为了加强家校沟通，让家长理解老师的不易，从而更加理解学校的工作，又是为了丰富学生的课堂学习，让学生体验多种职业，还能让亲子关系更融洽。本学期的家长课程丰富多彩，学生兴致高涨，效果非常好。本学期比较受学生欢迎的家长课程有走进孔子、恐龙知识大讲堂、火车发展史、保护水资源、水果沙拉拼盘、漂亮的玫瑰花等。

课程实施掠影

课程实施感悟

优秀的传统文化不能丢

随着社会的发展，我们会发现一些普遍的现象：现在家里地位最高的是孩子，而不是老人；现在的孩子在公众场合大吵大闹，大人还觉得很正常；以前尊老孝亲是传统，现在则要当成一个榜样进行大力宣传……前几天的新闻里，一位送孩子上学的父亲，孩子扛着行李，他在旁边走，竟然成了"网红"，因为有太多的情形是，孩子啥都不拿，而家长成群结队、大包小包拿着。为什么会这样？传统美德都哪儿去了？我们国家源远流长的传统文化，有太多东西慢慢被丢掉了。这次家长课程，要感谢二（3）班的孟语新妈妈专门请来了这方面的专家,给我们带来了一场学习礼仪的课程——《走近孔子　读懂中华礼仪》。

这次家长课程,二年级三个班的孩子都到多功能厅进行学习。来得早的孩子,因为人数众多,就出现了聊天的场景,明显和本次学习内容不太符合。当时,我心里比较急:专门请专家来给我们授课,可我们学生的表现真是不尽如人意。再来看授课老师,他脸上没有急躁的神情,神态温和、庄重。当学生基本到齐的时候,他娓娓道来,从吃、穿、言、行、待人接物等方面详细介绍了正确的礼仪;再来看学生的表现,由刚开始的嗡嗡响到个别人小声嘀咕,再到后来一百多个学生全部安静下来,有的孩子甚至还一边看一边按照老师的要求去做。老师发脾气了吗?吵人了吗?没有。他就是用自己身上所携带的那份儒雅的气场感染了学生,让学生从内心感受到,如果这个时候自己说话是一件多丢脸的事情。

当老师结束讲课的时候,班主任组织学生慢慢离场,我惊奇地发现,平时年级出名的"捣蛋鬼"竟然和授课老师在交流。我凑过去,老师说:"这个孩子很不错,很爱问问题,很有自己的想法。"那一刻,我觉得我是惭愧的,惭愧于我用老眼光看人,没有用心去发现每个孩子身上的长处。

通过这次传统礼仪课,我和孩子们一起学到了不同场合的不同礼仪,受益匪浅;我深深感受到,优秀的传统文化不能丢,这是我们中华民族的精髓,而我们开展的传统课程就是要将这些优秀的传统文化发扬光大。

恐龙,恐龙,你在哪里?

提到恐龙,没有哪个孩子不感兴趣的;提到恐龙,连大人也会凑过来看看。恐龙，这么一个庞然大物，怎么就会灭绝了呢？

当二（3）班的蔚文博妈妈问我，有个"恐龙进校园"的活动，我们学校想不想参加时，我在电话里立马答应，并且抑制不住激动的情绪说道："一定要来，孩子们肯定喜欢！"结果可想而知，场面异常热烈，孩子们深深地记住了这堂课！这就叫作"从孩子的兴趣出发"！

《恐龙科普大讲堂》的字幕出示的时候，孩子们都瞪大了眼睛，生怕自己错过了什么；讲课的老师很有感染力，时而介绍恐龙的知识，时而让学生来猜一猜，时而提问并赠送礼物。在整堂课上，有两个场面是最让孩子们激动的：一个是请学生模仿霸王龙、三角龙，并演示它们的打斗场面。模仿霸王龙的蔚文博，露出了凶狠的样子，向三角龙冲去，三个三角龙吓得抱头鼠窜，完全忘了要保护同伴，笑得其他同学前仰后合；另一个是让一个人穿着恐龙的衣服突然从门口进来，孩子们一看都叫了起来，都伸长了手臂，想去摸一摸它。讲课的老师又让"恐龙"模仿人的害羞、旋转等动作，孩子们看得眼都直了。最后活动结束了，孩子们还是不愿意离开多功能厅，有的还在摸恐龙，有的拉着老师问长问短……一个下午的课程结束了，我们感觉很累，因为情绪过于激动；我们感觉心情久久不能平静，因为这么多人在一起看恐龙是一件多么有意义的事情呀！

通过这个课程，我们要感谢学校给我们提供了这样一个师生共同学习的平台；感谢我们的家长，为了让孩子们学到更多的知识，为了让孩子们的课堂丰富多彩，出策出力。我想这就是家校共建的魅力吧！

附 录

金水区实验小学荣誉护照

荣誉护照的内容丰富多样，包括小学基本规范、少先队队歌、校歌、课程等内容，能够让学生更好地认识学校，开始小学生活，帮助新入学的同学更充分地适应小学生的身份，有助于他们对新的学校生活的了解，这种活泼的师生互动形式让同学们感到新奇有趣，更能吸引他们。

荣誉护照的封底与封面

荣誉护照的欢迎页和学校介绍页

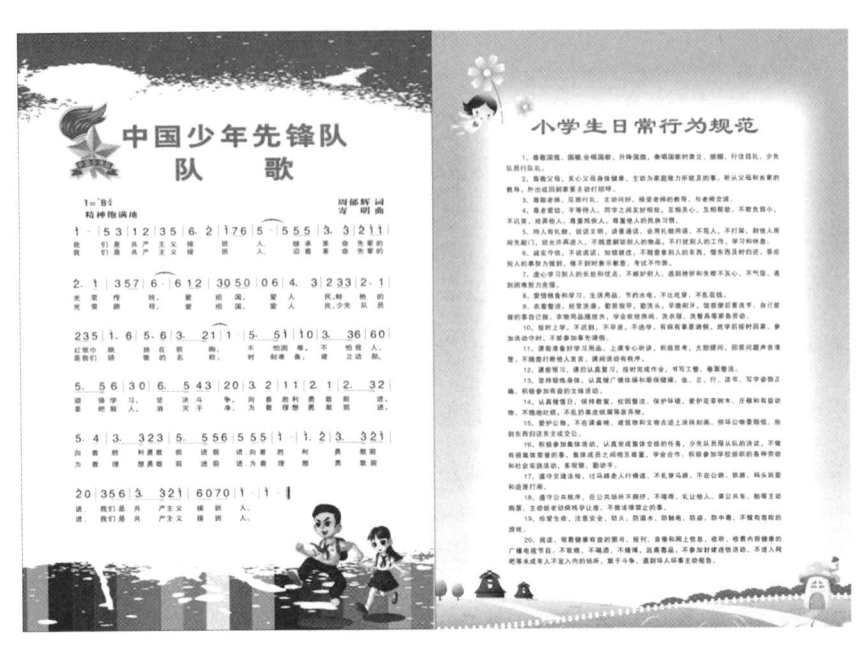

荣誉护照里的《中国少年先锋队队歌》和《小学生日常行为规范》

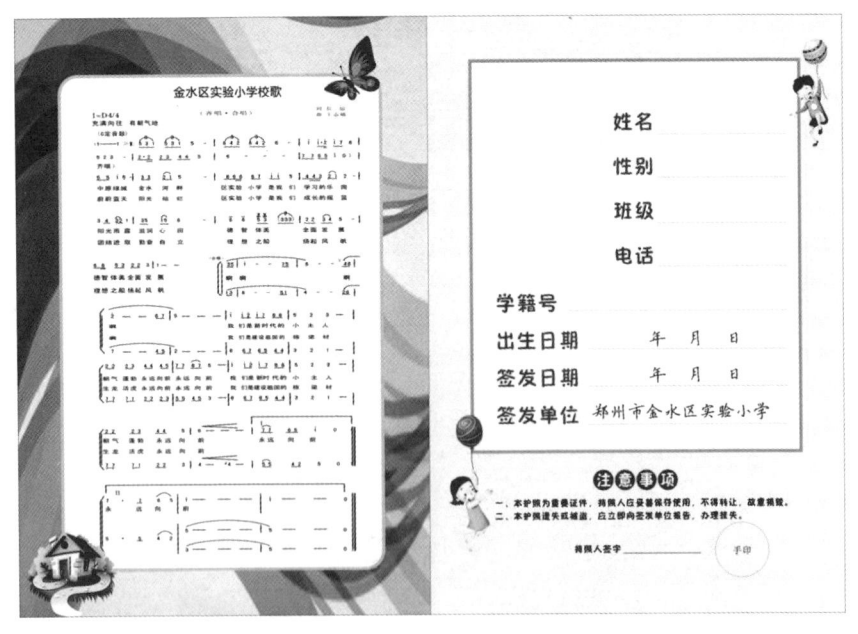

荣誉护照里的《金水区实验小学校歌》和学生信息页面

附 录

经过学科整合的开学课程

经过学科整合的传统课程

经过学科整合的季节课程

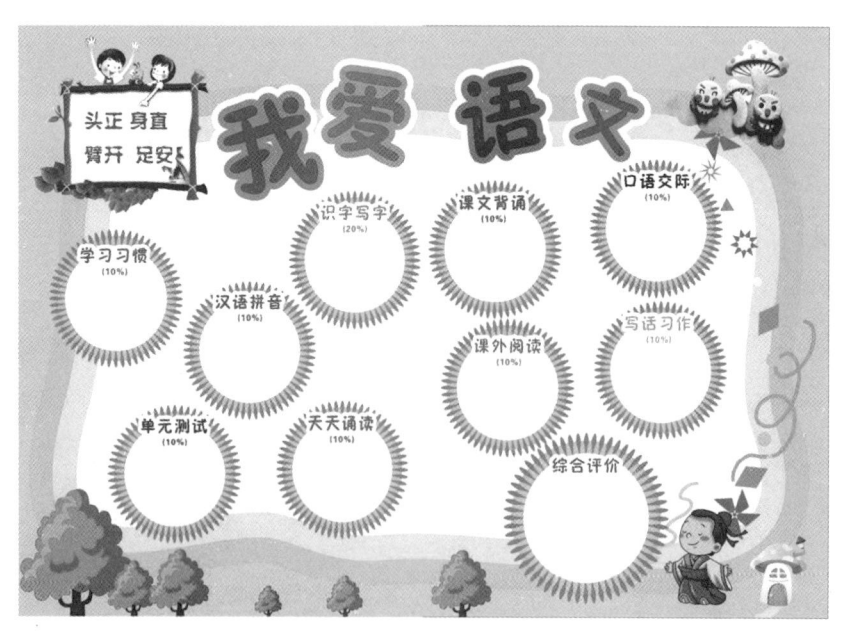

荣誉护照中的语文课程

附录

荣誉护照中的数学课程

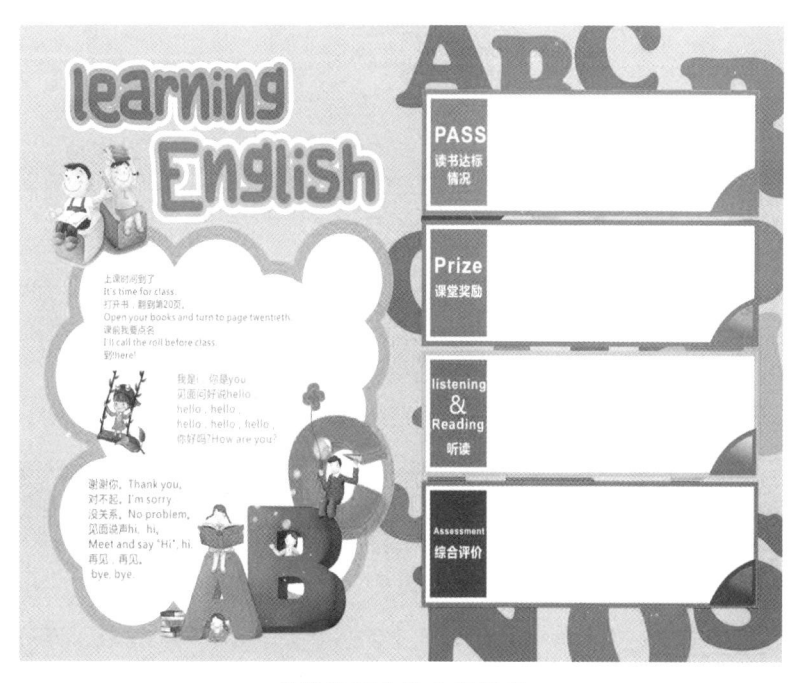

荣誉护照中的英语课程

荣誉护照中的体育课程

荣誉护照中的音乐课程

附录

荣誉护照中的美术课程

荣誉护照不单是老师与学生互动的体现，更是学生与家长、老师与家长、同学之间有效的交流方式

263

金水区实验小学阅读存折

我们推出了学生阅读存折，积极引导、鼓励学生阅读。格式模仿银行存折，设置了阅读契约、学生信息、我的阅读存款、阅读地图、推荐书目等活泼有趣的项目分类，学生们十分喜爱，也受到了家长们的欢迎。

阅读存折的封面与封底

阅读契约

学生信息页

我的阅读存款及使用说明

阅读地图

附录

阅读地图

1. "阅读地图"可进行四个层级的盖章,依次为星星奖章(读完5本书)、月亮奖章(读完15本书)、太阳奖章(读完30本书)、宇宙奖章(读完50本书)。
2. 获得"太阳奖章"后,将被评为"班级阅读之星";获得"宇宙奖章"后,将被评为"阅读大王"。

阅读地图说明

低年级推荐书目

序号	书名	作者/编者/译者/绘者	出版社
1	蝴蝶·豌豆花	金波 编,蔡皋 等画	河北教育出版社
2	稻草人	叶圣陶 著	希望出版社
3	没头脑和不高兴	任溶溶 著	浙江少年儿童出版社
4	小猪唏哩呼噜	孙幼军 著,裘兆明 图	春风文艺出版社
5	我有友情要出租	方素珍 著,郝洛玟 绘	新疆青少年出版社
6	不一样的卡梅拉(我想去看海)	(法国)约里波瓦 著,(法国)艾利施 绘,郑迪蔚 译	二十一世纪出版社
7	百岁童谣	山曼/编著	贵州人民出版社
8	寻找快活林	杨红樱/著	湖北少年儿童出版社
9	十兄弟	沙永玲/编著,郑明进/绘	五洲传播出版社
10	月光下的肚肚狼	冰波/著	湖南少年儿童出版社
11	格林童话选	(德)格林兄弟/著,魏以新/译	天津教育出版社
12	让路给小鸭子	(美)麦克洛斯基/著,柯倩华/译	河北教育出版社
13	青蛙和蟾蜍	(美)阿·洛贝尔/著,潘人木、党英台/译	明天出版社
14	木偶奇遇记	(意)卡洛·科洛迪/著,徐调孚/译	天津教育出版社

在阅读存折里,老师为同学们精心挑选了推荐书目

低年级推荐书目

序号	书名	作者/编者/译者/绘者	出版社
15	了不起的狐狸爸爸	（美国）罗尔德·达尔/著，代维/译	明天出版社
16	我和小姐姐克拉拉	（德国）迪米特尔·茵可夫/著，陈俊/译	二十一世纪出版社
17	第一次发现（濒临危机的动物）	法国伽利玛少儿出版社 编，（法国）雨果绘，王文静译	接力出版社
18	神奇校车（在人体中游览）	（美国）乔安娜·柯尔著，（美国）布鲁斯·迪根绘	贵州人民出版社
19	一粒种子的旅行	（德）安妮·默勒/著，王乾坤/译	南海出版公司
20	地鼠博士的地震探险	（日本）松冈达英/著，蒲蒲兰/译	二十一世纪出版社

序号	书名	作者/编者/译者/绘者	出版社
21	动物王国大探秘	（英国）茱莉亚·布鲁斯/文，兰·杰克逊/图，杨阳、王艳娟/译	广州出版社
22	千字文·三字经·弟子规	郝光明、罗容海、王军丽译注	文化艺术出版社
23	中国神话故事	聂作平编著	天津教育出版社
24	笠翁对韵	李渔/著	浙江古籍出版社
25	人	（美）彼得·史比尔/著，李威/译	贵州人民出版社

在阅读存折里，老师为同学们精心挑选了推荐书目

参考文献

[1] 拉尔夫·泰勒. 课程与教学原理[M]. 罗康,译. 北京：中国轻工业出版社,2016.

[2] James A. Bane. 课程整合[M]. 单文经,译. 上海：华东师范大学出版社,2003.

[3] 邢至晖,韩立芬. 特色课程8问[M]. 上海：华东师范大学出版社,2013.

[4] 彼得·圣吉. 第五项修炼[M]. 张成林,译. 北京：中信出版社,2009.

[5] 约翰·富兰克林·博比特. 课程[M]. 刘幸,译. 北京：教育科学出版社,2017.

[6] B. 霍尔姆斯, M. 麦克莱恩. 比较课程论[M]. 张文军,译. 北京：教育科学出版社,2001.

[7] 威廉·F. 派纳主编. 课程：走向新的身份[M]. 陈时见,潘康明,译. 北京：教育科学出版社,2001.

[8] 林崇德主编. 21世纪学生发展核心素养研究[M]. 北京：北京师

范大学出版社，2016．

[9]杨九诠主编．学生发展核心素养三十人谈[M]．上海：华东师范大学出版社，2017．

[10]余文森．核心素养导向的课堂教学[M]．上海：上海教育出版社，2017．

[11]单留玉主编．金水区实验小学教育教学指南[M]．郑州：海燕出版社，2017．

[12]单留玉，等．读懂学生的课程Ⅰ[M]．郑州：大象出版社，2019．

[13]单留玉，等．读懂学生的课程Ⅲ[M]．郑州：大象出版社，2019．

[14]陈桂生．聚焦学生角色：现今学生价值倾向问题[M]．北京：教育科学出版社，2011．

[15]潘国伟，谈爱清．智慧课程：学校课程重建的价值思考与实践探索[J]．江苏教育研究，2017（01）：28-32．

[16]吴红华，林宣龙．教育：智慧视角的诠释、反思及实践构想[J]．江苏教育研究．2008（02）：39-42．

[17]费惠珍．用智慧统帅行动：让每一个教育行动增值[J]．作文成功之路（中），2017（2）：2-3．

[18]肖淑芬．科学构建课程体系　促进学生全面发展：以厦门市前埔南区小学"博雅"课程建设为例[J]．福建基础教育研究，2016（03）：23-25．

[19]杨金明．小学适合教育课程体系的构建与实施：以滨州市沾化区第一实验小学为例[J]．现代教育，2017（02）：18-19．

[20]肖蓉蓉．校本课程体系的开发与实践研究[J]．基础教育论坛，

2017（06）：53-55.

[21] 刘岩林，王俊力."枣花朵朵开"课程体系的构建与实施[J]. 现代教育，2017（03）：25-26.

[22] 陈耀华，陈琳. 智慧型课程特征建构研究[J]. 开放教育研究，2016，22（03）：116-120.

[23] 陈琳，陈耀华，李康康，等. 智慧教育核心的智慧型课程开发[J]. 现代远程教育研究，2016（01）：33-40.

[24] 潘国伟. 智慧课程：理性之思与探索之行[J]. 生活教育，2017（06）：30-33.

[25] 周春柳，匡莉，范燕荣. 基于学生核心素养的"智慧课程"构建[J]. 基础教育研究，2017（05）：65-67.

[26] 徐新玲. 为生命成长打好底色[J]. 创新教育，2010（12）.

[27] 于淼，单留玉. 让每一个生命健康成长：记金水区实验小学生态教育的探索[N]. 郑州日报，2012-05-10（5）.

[28] 李杨. 金水区实验小学：起于生命 达于精神[N]. 郑州日报，2013-06-26（3）.

智慧课程，绽放生命的精彩（代后记）

我校成立于 2001 年，时值第八次基础教育课程改革启动，我校开始了艰难而幸福的探索之旅。此后，我校教师积极投入课程改革中，无论是课改年级还是非课改年级，都在探索着新课程的理念。

回顾走过的十几年课改历程，我们彷徨过、困惑过，但我们一如既往地前行着，因为有坚定的信念，有执着的追求，因为我们懂得，只有以学生为本，才能促进课程走向深入。在课改的路上，我们有时会走得很快，有时会走得很慢，但我们从未放弃，一直在前行。

从校本课程的探索，到综合实践活动校本化的实施，到学科内课程的整合，再到 2016 年我校一年级开始智慧课程的探索，这一路走来，老师们建立了自己的课程话语体系，取得了课程与教学的突破性进展。我校的智慧课程，强调的是一种统一整合，将跨学科的内容进行整合实施，我们聚焦主题，分成版块，找到融合点，进行深度的课程研发和探索。我们确立了"读好书，写好字，做真人的智慧少年"的育人目标，破除书本知识的桎梏，建构具有生活意义的课程内容。难忘每次寒暑假放假后教研组老师的一次次研讨，难忘午休、放学后，各科教师齐聚一起进行深度的交流……正是这一次次的教研，将课程不断推进，也促使我们的思考不断深入，促使我们对课程的理解逐渐加深。一次，走进办公室，我看到了闫彦老师在阅读《课程的力量》，感动于一线教师在中午时间醉心阅读课程类专业书籍，在课程改革的路上不断从实践迈向理论的前沿。这样的感动，在我们的生活中还有很多很多，感谢老师们的辛苦付出，感谢老师们的用心实践。虽然在他们心中，做智慧课程真的很累很累，但他们却没有怨言，因为他们懂得，这样的付出更多是站在儿童的角度做教育。这就是我们一路推进儿童课程的足迹。

回顾建校时光，在课程改革之路上，我们迈着坚实的步伐，在不断探索的过程中,收获着幸福的喜悦。我们不断在课程改革的路上读懂儿童，尝试着用学生的视角重组和构建课程，让课程更适合儿童的发展。在智慧课程的实施过程中，原本封闭的思路打开了，学科之间的交流活跃了，学生的学习深入了，课程改革绽放出生命的精彩。

读懂学生课程，让课程立足于学生的发展；读懂学生课程，让教师在课程实施中心中有学生；读懂学生课程，让教育多了一些以人为本。这样的课程，打开了学生未知的世界，把学习和儿童自身的生活方式结合起来，让金水区实验小学的儿童一脸阳光，憧憬着走向远方。

我们将课程改革的坚实步伐整理成册，为学校献礼。在本书出版之际，我们特别感谢单留玉校长一如既往地支持课程改革，感谢我校闫彦、孙新玲、梁宁莹、鲍筱薇老师在编校中付出了大量的时间和精力，感谢二年级全体教师提供的大量鲜活案例，大家的智慧使本书的观点更加鲜明。感谢大象出版社让本书更精美。对于一线教师而言，课程研发、实施还不够缜密，还存在一些问题，但我想即使不完善，先做起来比什么都重要。如果有什么不合适的地方，敬请大家批评指正。